口絵２　水野年方「大日本帝国万々歳　成歓襲撃和軍大捷之図」

口絵１　小林清親「我軍牛荘城市街戦撮影之図」▶

口絵3
『欧洲大戦乱画報』掲載の「滑稽時局世界地図」

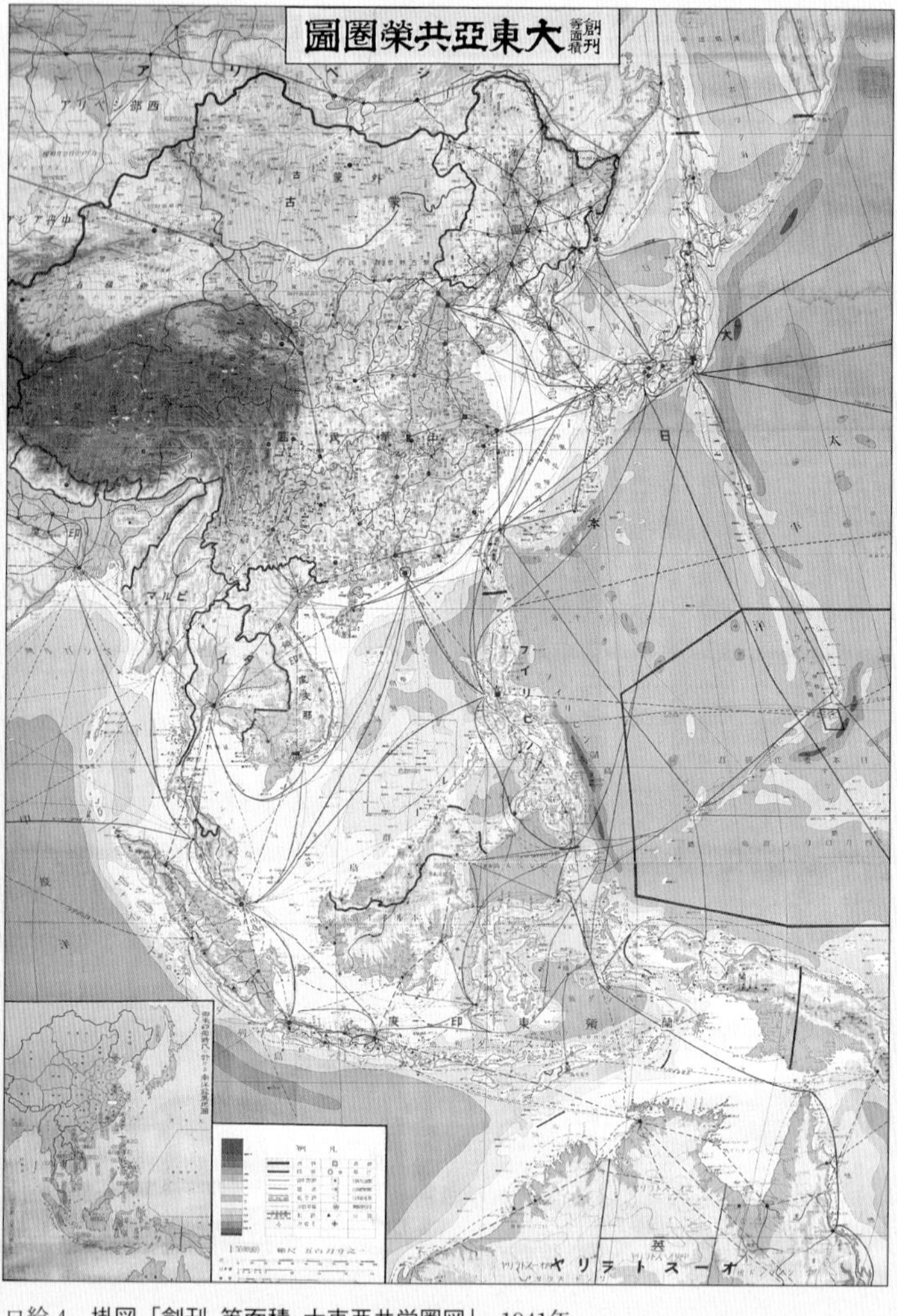

口絵 4　掛図「創刊 等面積 大東亜共栄圏図」 1941年

中公新書 2703

貴志俊彦著

帝国日本のプロパガンダ

「戦争熱」を煽った宣伝と報道

中央公論新社刊

まえがき

帝国日本とは、一八九〇年（明治二三年）一一月二九日に施行された大日本帝国憲法時代の日本である。国土は、明治、大正、昭和前期をとおして、現在の約一・八倍にも及び、東アジアだけでなく、樺太《からふと》（現ロシア・サハリン州）南部や南洋群島（現ミクロネシア連邦一帯）を含む西太平洋にも広がっており、南極にも飛び地があった。

国土の拡大は、日清戦争、日露戦争、第一次世界大戦期の日独戦争、さらに満洲事変によってなされた。これらの戦争は領土などの権益獲得を目的としたため、短期間で勝敗を決していた。しかし、日本はやがて日中戦争、つづくアジア太平洋戦争によって約八年にも及ぶ総力戦を遂行し、多大な尊い人命を失い、そして敗北した。

総力戦とは、国民、資源、生産力のすべてを動員する戦争である。この種の戦争目的のために企業、団体、組織は再編、統制されて、文化や思想の全面勝利がめざされた。政府や軍部だけでなく、報道界や映画界もこれに加担して、国民*が受け入れることができる政治宣伝と戦争報道――本書では広くプロパガンダと定義する――によって、「戦争熱」を鼓舞した。国民は、統制と検閲に縛られた社会にありながら、ひたすら「戦勝神話」を信じて戦争の続行を支持し、長きにわたる戦いをつづけたのである（加藤 二〇〇九参照）。

〔＊帝国憲法によれば臣民《しんみん》とすべきであるが、本書では国民で統一している〕

なぜ帝国日本はプロパガンダにとりつかれ、「戦争熱」を持ちつづけたのか。国内外への印象操作は、どのようにおこなわれたのか。手がかりとなるのは、一九世紀末に始まったビジュアルな報道である。

近代日本の歴史をひもとくと、幕末にはすでにビジュアルな報道が誕生していた。知られているのは、かわら版や錦絵《にしきえ》、さらには歌舞伎など大衆芸能をとおしてである。とりわけ木版刷りの印刷メディアは、庶民が好んで求めた情報源であった。

つづく明治時代に発展を見せたのは、石版印刷《リトグラフ》やコロタイプ印刷などの印刷技術である。特筆すべきは、日清戦争期（一八九四～九五年）に巻き起こった錦絵のリバイバルブーム。極彩色の錦絵に描かれた戦争報道は、石版印刷によって大量印刷が可能となり、国民に鮮烈なイメージを植えつけるとともに、「戦争熱」を煽《あお》るきっかけとなる。そして、日露戦争期（一九〇四〜〇五年）に登場した写真は、銅板写真製版《フォトエッチング》などの技術が用いられ、さらに第一次世界大戦期（一九一四〜一八年）に、新聞や雑誌、絵葉書、幻灯機《げんとうき》に利用されるようになり、主要なビジュアル・メディアとしての地位を築いた。

もうひとつ忘れてはならないニューメディアが活動写真＝映画である。二〇世紀初めに映画館の建設ブームを迎え、全国に普及していった。一九三〇年代に活動写真は、音声と融合したトーキー・フィルムとして生まれかわり、庶民の最大の娯楽となる。映像と音声が醸し出す臨場感と娯楽性は、それまでのメディアとは比ぶべくもないものであった。日中戦争期、国民はニュース映画や軍事映画に酔いしれ、政府や軍部が推進する国家プロパガンダによって、総動員体制、とりわけ徴兵制や軍需動員を受け入れていく。

むろん、プロパガンダによる世論操作は日本だけの特技ではない。本書では、各国のプロパガンダ術とビジュアル・メディアが果たした役割も論じている。おもに帝国日本と対峙《たいじ》した中国（清、中華民国）、ロシア、米国のビジュアル・メディアである。

日清戦争期に巻き起こった「戦争熱」は、その後どのようにして高揚していったのか。日中戦争が始まった一九三七年以降、統制と検閲が強化されていく社会で、国家プロパガンダはどのように先鋭化したのか。その過程で、政府や軍部、報道界が果たした役割や、ビジュアル・メディアの効果は、いかなるものだったのか。そして、帝国日本の拡大とともに、プロパガンダ術はいかにして帝国の隅々まで浸透したのか。

本書は、多様なビジュアル・メディアを紹介しながら、日清戦争期からアジア太平洋戦争直後の占領統治期に至る五〇余年間、とりわけ政府・軍部、報道界、国民の三者の関係をとおして、プロパガンダの主体の変容過程を跡づけることを目的とする。

† 目次

第6章　日中戦争期
――国家プロパガンダの絶頂期（一九三〇年代後期）

凡　例

・本文には一部不適切な表現が含まれているが、当時の時代状況を反映した歴史用語として、慎重に配慮したうえで使用している。
・本書では読みやすさを考慮して、引用文中の漢字は原則として新字体を使用し、歴史的仮名遣いは現代のものに、また一部の漢字を平仮名に改めた。読点やルビも追加した。
・新書という性格から、引用箇所の出典表記は最小限にとどめ、本文中で明らかな場合には省略した。巻末に参考文献を付した。
・〔　〕は筆者による補足である。
・敬称は略した。

帝国日本のプロパガンダ

「戦争熱」を煽った宣伝と報道

序　章　戦争と宣伝

帝国日本の空間イメージ

先の戦争の終結から、八〇年近くの年月が過ぎている。戦後世代が圧倒的多数を占める現代にあって、二〇世紀半ばまで存在した帝国日本のイメージはすでに不鮮明になっている。そこで本論に入る前に、まず帝国日本の圏域について、口絵4の掛図「創刊　等面積　大東亜共栄圏図」を見ながら確認しておきたい（佐藤郷土地図研究所　一九四一）。

①台湾や朝鮮半島は帝国日本の植民地になった。

台湾は日清戦争後の下関条約、朝鮮半島は一九一〇年の韓国併合に関する条約による。

②樺太（現ロシア・サハリン州）の南部は帝国日本の植民地になった。

一九〇五年、日露戦争後のポーツマス条約による。

③中国東北部の遼東《りょうとう》半島一帯は帝国日本の租借地になった。同じく、ポーツマス条約によって日本の租借地となり、関東州が設置された。このとき、南満洲鉄道株式会社（満鉄）が経営する沿線附属地にも、租借地に準じる排他的行政権が設定された。

植民地は占領地であるのに対して、租借地は文字どおり賃借された地域である。満鉄附属地も、租借地に準じる。右の①〜③の経緯は、歴史の概説書にもよく見られる。しかし、以下の地域については、どうであろうか。

④一九一二年に南極探検家白瀬矗《しらせのぶ》らが、大和雪原《やまとゆきはら》における帝国日本の領有を宣言した。

⑤旧ドイツ領であった南洋群島（現ミクロネシア連邦一帯）は、第一次世界大戦後のヴェルサイユ条約により、帝国日本の委任統治領として国際的に承認された。

⑥南シナ海で領域問題となっている南沙《スプラトリー》諸島（旧新南群島《しんなんぐんとう》）や西沙《パラセル》諸島は、フランスと領有権を争っていたが、日中戦争中の一九三九年に帝国日本の領土となった。

これらの地域に至っては、なじみが薄いため、そのような事実さえ顧みられることは少ない。ともあれ、帝国日本の空間は、かくも広大な地域に及んでいたのである。

五六年あまりつづいた帝国日本も、一九四七年五月二日、大日本帝国憲法の失効とともに瓦解《がかい》する。しかし、その領土の喪失には、いま少しの時間がかかった。

一九五一年九月八日に日本側全権代表の吉田茂《よしだしげる》首相らが調印したサンフランシスコ平和条約（正式名称は「日本国との平和条約」）では、日本政府は主権を回復する代わりに、右記①〜⑥の地域のすべての権利、権限、および請求権を放棄することが明文化された。しかし、その後各国との個別交渉を経ても、北方四島の帰属問題や朝鮮民主主義人民共和国との平和協定締結問題のように、いまなお解決のめどさえ立たない問題が残っている。

戦後生まれの私たちは、こうした広大な領土を喪失する以前の帝国日本の姿をイメージすることはむずかしい。実際、筆者がロシアのサハリン州南部や西太平洋のパラオ共和国に調査に赴いたとき、目の前の史跡や戦跡がかつて帝国日本の一部を構成していたという実感を持つことができず（図序－１・２）、違和感を抱いたまま帰国した覚えがある。

では、戦後初期の国民の感覚はどうであったか。朝日新聞社が一九五一年九月におこなった本社世論調査によると、こうした領土の縮小に対して、敗戦を経たとはいえ、一一％の人びとしか「不満なこと」と感じていなかった（『東京朝日』一九五一年九月二〇日）。つまり、当時の日本人も地図帳では見ていても、帝国日本の領域全体や、そこに生活する人びとと「日本であること」を共有していたとはいいきれないのではないだろうか。

図序-1　旧樺太庁舎　2014年9月、筆者撮影

図序-2　旧南洋庁パラオ支庁舎　2020年2月、筆者撮影

プロパガンダ＝宣伝の主体

一九世紀末以降、プロパガンダは「宣伝」あるいは「弘報」と呼ばれていた。宣伝は、情報の伝達だけでなく、敵対勢力に対する自国世論を統制する手段であり、ある種の思想戦と捉えられている（クシュナー 二〇一六）。日清戦争以降の約五〇年間において、戦域が拡大し、ビジュアル・メディアの役割が変化していくなかで、帝国日本のプロパガンダを担った主体とは何であったのか。

本書は、一八九〇年代以降、およそ一〇年刻みで変化するプロパガンダ＝宣伝に準拠して、虚飾にまみれた戦争の「顔」を腑分けしていく。そのために、まず、日本におけるプロパガンダ変遷の見取り図を示しておきたい。

【一八九〇年代〜一九〇〇年代】 大日本帝国憲法が一八八九年に発布され、近代国家として明治政府と近代ジャーナリズムがともに萌芽《ほうが》期を迎えていた。明治政府が最初に起こした対外戦争は、日清戦争、そして日露戦争。戦域は、朝鮮半島、満洲南部、山東《さんとう》省の一部であり、台湾にも戦火が及んだ。

この時期に流行した錦絵や絵葉書は、戦況を可視化するメディアとして民衆の心を捉え、「戦争熱」を高揚させ、国家と民衆の集団的記憶（コメモレーション）を促す役割を果たす。

このころ、対戦国の清でも『点石斎画報《てんせきさい》』のような石版印刷の絵入り新聞、ロシア帝国ではルボーク（lubok、複数形はlubki）という多色石版印刷《クロモリトグラフ》による民衆版画が普及。いずれも「戦争熱」を煽っていた（第1章・第2章）。

【一九一〇年代】　プロパガンダ史をグローバルに捉えるとき、一九一〇年代は画期点であった。ドイツは大衆動員をめざすプロパガンダを実施、米国は国民を誘導する心理術を開発。こうした国家主導の硬軟の手法により、プロパガンダという用語が政治イデオロギーを宣伝する概念として通用していく。日本でも外務省情報部がプロパガンダ研究を開始する。

第一次世界大戦が始まった一九一四年、日独戦争が勃発《ぼっぱつ》。戦争の火の粉は、朝鮮半島対岸に位置する山東省奥地の済南《さいなん》、そしてドイツ領南洋群島にも降りかかり、帝国日本はドイツと交戦をつづけた。

この時期、民衆版画による情報伝達は終わり、代わって登場したのが写真であった。報道界は、当時普及しつつあった写真を活用して現地状況をリアルに伝達。また、映画も国民の心を捉え始め、「戦争熱」の高揚にひと役買う（第3章）。

【一九二〇年代】　太平洋の東西から、帝国日本の膨張に対する反発が起こる。米国では日本脅威論が発生し、一九二四年には排日移民法を施行。これを機に日本国内では反米運動が活発化する。その四年後には中国で済南事件が起こり、不平等条約破棄、日貨排斥などをスローガンとした反日運動が勃発。

一九二〇年代に起こった反日運動の高まりを機に、政府と報道界との関係は変化する。政府が新聞やラジオ放送に「宣伝」という役割を期待した結果、報道界は、政府から課せられた政治イデオロギーの宣伝という役割をも担うようになる。またこの時期、映画は集団的記憶の形成に貢献するようになっていく（第4章）。

【一九三〇年代前半】　帝国日本に激震が走る、ふたつの事件が勃発する。ひとつは台湾で起こった原住民の蜂起（霧社《むしゃ》事件）であり、いまひとつは満洲で広がった反中国国民党を念頭においた関東軍の謀略である（満洲事変や熱河《ねっか》事変など）。新聞社は、競って多くの特派員を中国に派遣。彼らは、自由に取材することもできたが、他社を出し抜くためには各師団、聯隊《れんたい》、部隊と連携して取材するほうが好都合だった。飛行機での空撮は、その最たるものである。この時期に起きた軍部と報道界との接近が、国民を戦争に巻き込む契機となる。国民は、このふたつの事件を通じて、前線と同期《シンクロナイズ》するかのように戦況情報を追体験し、当事者意識を高めていく。（第5章）。

【一九三〇年代後半】　戦域は満洲から中国沿岸や長江《ちょうこう》流域に広がり、日中戦争は八年に及ぶ泥沼の戦争へ。中国大陸の戦況が激しくなるなか、政府と軍部は検閲と統制をとおして、新聞社や映画界との関係を強めていった。博覧会開催も効果的なプロパガンダ手段として導入され、国家プロパガンダは絶頂期を迎える。報道界や映画界も、国民精神総動員の理念を奉じ、戦況写真やスクリーンをとおして、国民に戦争宣伝を呼びかける。また、朝日新聞社も、創業以来の論調を大きく転換し、軍部追従の社論を掲載するようになる。

こうした戦争宣伝の背景には、「満蒙《まんもう》問題」が引き金のひとつとなって一九三八年に施行された国家総動員法があった。この時期、ビジュアル・メディアが国家総動員体制の形成に影響していたことを、朝日新聞社のストックフォト「富士倉庫資料」が物語る（第6章）。

【一九四〇年代前半】一九四一年一一月、閣議決定により、新聞社は国策への協力とともに、国家目的に準じることを決定。報道各社は国家プロパガンダ戦略のもと、情報宣伝機関と一体化する。取材や報道は陸海軍の報道班が主体となり、ニュース検閲も強化。こうして、大本営による戦況の発表が一義的となり、根拠《エビデンス》なき戦争報道が「敗戦」までつづく。

その翌月（一九四一年一二月）に起こったアジア太平洋戦争により、帝国日本の戦域は中国大陸から、東南アジア、西太平洋へと拡大。広域化した戦争遂行のために、帝国日本のすべての人的物的資源を効率的に戦争目的に運用すべく、統制や検閲をいっそう強化。日中戦争勃発時と比べても状況は劇変しており、襲い来る空襲と飢餓のなかで、国民は急激に追い詰められる（第7章）。

【一九四〇年代後半以降】帝国日本はすべてを消耗し、「敗戦」。日本の統治は、ＧＨＱ（連合国軍総司令部）の手に委《ゆだ》ねられる。帝国日本を支えていたメディアの統制と検閲は廃止。GHQは、戦時期にプロパガンダ戦略を担っていた情報局をはじめ、同盟通信社や日本放送協会、日本出版会などの統制組織を解散。一方で、国内の新聞社にはこれを命じることなく、報道界を占領統治のプロパガンダ戦略に取り込んでいく。

こうして、GHQは戦時中に米国がおこなっていたソフトなプロパガンダ戦略＝心理戦を占領統治にも巧妙に利用したため、戦後の反米気運は局限したものとなる。ただ、日本本土の「戦後復興」から切り離され、米軍による実質的な軍政が施行された沖縄では、まったく異なる対米感情が形づくられていく（終章）。

過去と現在、ビジュアル・メディアはどのように駆使され、人びとの心を揺さぶったのか。一九世紀末以降、なぜ情報の信憑《しんぴょう》性が顧みられずに、人びとは国家プロパガンダに追従する方向に陥ったのか。フェイクニュースが飛びかい、ポスト・トゥルース（脱真実）と呼ばれる現代だからこそ、過去の歴史の轍《わだち》を辿らないためにはどうすればよいか、考える必要があろう。

それでは、帝国日本のプロパガンダの主体を探るべく、まずは一八九〇年代の日清戦争の時代を訪ねていくとしよう。

第1章　日清戦争期——版画報道の流行（一八九〇年代）

日清戦争期（一八九四〜九五年）、石版画やコロタイプ印刷などの版画技術の進展により、大量の「戦争錦絵」が市場に出回った。すでに零落しつつあった錦絵業界は、印刷技術の変化により、最後の流行の時期を迎える。こうした版画メディアによる仕掛けは、対外戦争に冷淡であった庶民をまたたく間に「戦争熱」に巻き込んでいった。

これに拍車をかけたのが、二〇世紀の世界を席巻するニューメディアとなった写真である。写真は、銅板写真製版の開発とともに大量印刷が可能になる。ただ、この時期の写真は新しい記録メディアとして使われたにすぎず、錦絵ほどの影響力はなかった。

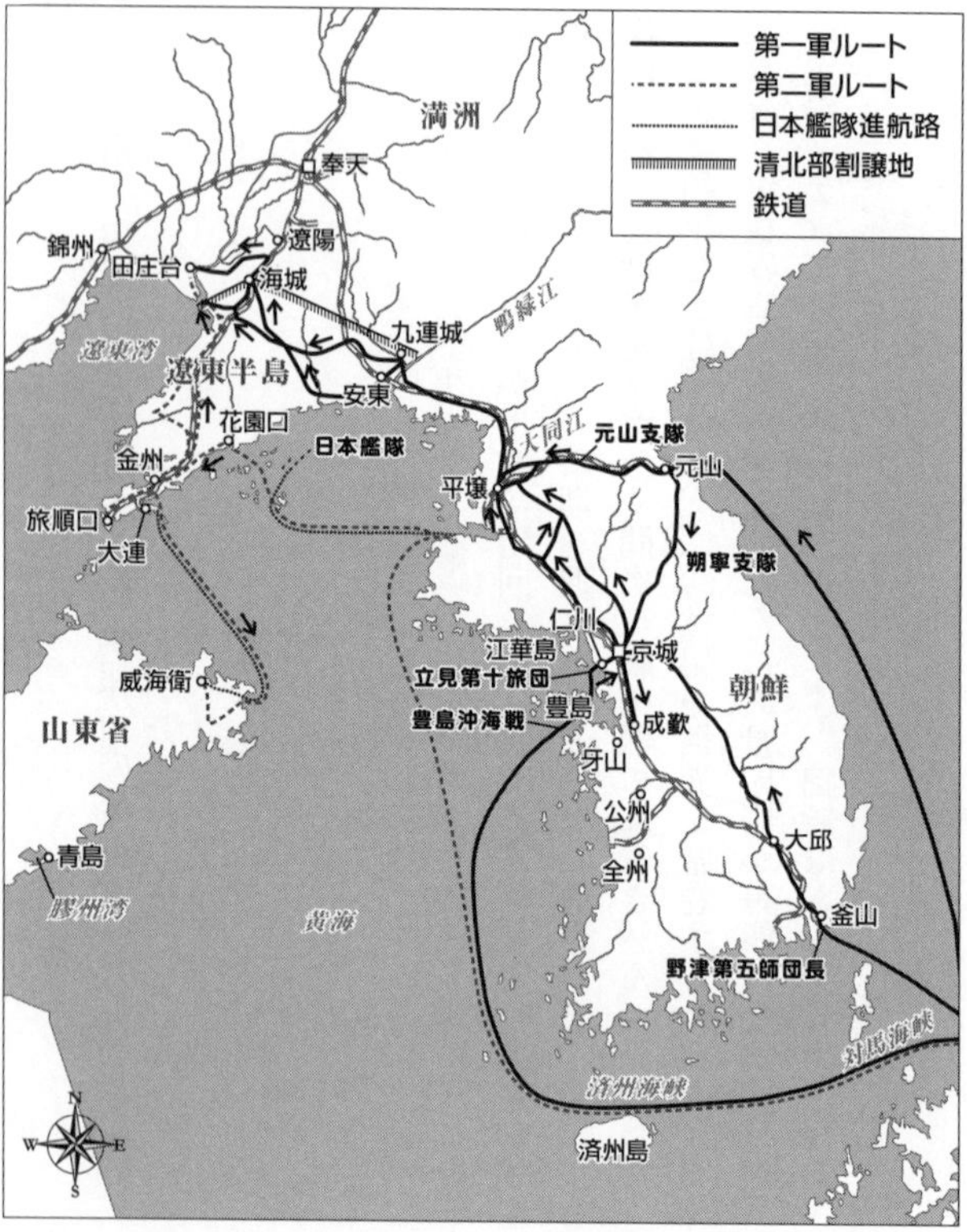

地図　日清戦争　1894－95年

1　戦争と同期する帝国日本のメディア、演劇

「戦争錦絵」の登場

日清戦争は、帝国日本が武力衝突を経験した初めての対外戦争であり、日本、清、李氏《りし》朝鮮の関係に甚大な影響を与えた。その直接の契機は、一八九四年一月に朝鮮半島南部で起こった内乱（甲午《こうご》農民戦争）に対する日清両国の派兵問題に起因していた。戦闘地は朝鮮半島を起点に、清の沿岸部を取り巻く黄海《こうかい》、遼東半島、山東半島に伸び、さらに澎湖《ほうこ》諸島および台湾本島へと拡大していった。東アジアの政治空間を大きく変化させた戦争であった。

日清戦争は、帝国日本と清の報道界にとって、恰好の材料となった。両国の報道界や出版界は先を競って戦況を追い、速報を発した（辻 二〇一一）。派遣期間の差はあるものの、日本からは一〇〇名を超す従軍記者、一一名の絵師と画工、四名の写真師が派遣されたという（参謀本部 一九〇四）。たとえば、『時事新聞』は浅井忠《あさいちゅう》、安西直蔵《あんざいなおぞう》、浅井魁一《あさいかいいち》ら画家と写真師からなる「画報隊」を派遣し、『国民新聞』は日本画家の久保田米僊《くぼたべいせん》、米斎《べいさい》、金僊《きんせん》親子を従軍画家として送り出した（大谷 二〇一五）。

戦争錦絵には、戦争ジャーナリズムを担った人びとの姿も描かれている。たとえば、小《こ》林清親《ばやしきよちか》の口絵1には写真師が、水野年方《みずのとしかた》が描いた口絵2には久保田米僊・金僊父子や新聞

社特派員数名が、四代目歌川国政《うたがわくにまさ》の長男小国政《こくにまさ》が描いた図1‐1(左下隅)には新聞記者が描かれている。

日清戦争に対して最初に熱狂したのは、没落気分を打ち消す機会と捉えた士族や、戦争を進歩(文明)のための戦いとして理解した福沢諭吉《ふくざわゆきち》や内村鑑三《うちむらかんぞう》のような知識人であった。当初、一般庶民はさほどこの戦争に興味を持たなかったが、彼らの関心に火をつけたのは、石版印刷によって大量発行された戦争錦絵だったのである(藤村 一九九二)。

一方、清でも一般庶民はこの戦争に関心が低かったが、上海《シャンハイ》発行の絵入り新聞『点石斎画報』(一八八四年創刊)などの画報が石版印刷によって大量に流通し、人びとの目に留まるようになる。

日清戦争の前線には、ヨーロッパからも記者が派遣されていた。世界初の絵入り新聞である『イラストレイテド・ロンドン・ニュース(*The Illustrated London News*)』には、特派員たちが食事をともにする風景を描いた石版印刷が掲載されている(一八九四年九月二九日)。清仏戦争(一八八四~八五年)が終結してからわずか一〇年後に勃発した戦争を、イギリスやフランスは注目していた。新聞や雑誌に掲載されたビジュアルな戦争報道を、人びとは求めたのである。

ただ、以下に述べるように、帝国日本や清の戦争報道と、ヨーロッパのそれとはいささか

図１－１　小国政（五代目歌川国政）「朝鮮平壌落城我兵大勝利」

異なる様相を呈していた。

錦絵業者の歓喜

日清戦争は、一八九四年七月二五日に朝鮮半島西岸の牙山《アサン》湾で起こった豊島《プンド》沖の海戦を皮切りとして、最初の陸戦となる成歓《ソンファン》・牙山の戦いがつづいた。しかし、日清両国が正式に宣戦布告をおこなったのは、その約一週間後の八月一日である。戦闘開始が宣戦布告の前に起こるという禁じ手が、のちの日本の悪しき手本となった。

この時期、江戸時代以来の錦絵と新しいメディアの新聞はしのぎを削っていた。宣戦布告当日の八月一日、「新聞検閲の緊急勅令」を公布。これで、外交、軍事に関する事件を新聞や出版物（脚本を含む）に掲載する場合、行政庁または内務大臣の検閲許可を受けることが義務化されたのだ。

しかし、錦絵については検閲に時間がかかることが販売の障害になっていたために、関係業界が内務省に出版可否を速決する要望書を提出。その結果、錦絵の検閲には通常約一週間かかるところ、即日で検閲の結果が出されることになり、速報性が保証されることになった（『読売新聞』一八九四年八月一日、『東京朝日』同月三日）。

こうした錦絵をめぐる業者と当局の駆け引きを経て、八月九日ころには、西南戦争（一八七七年）の錦絵で評判を得た楊洲周延《ようしゅうちかのぶ》の手による大判一組（三枚つづき）の大首絵（顔をアップした錦絵）「大鳥《おおとり》〔圭介《けいすけ》〕公使兵韓廷参内」が、東京市日本橋区にあった絵草紙屋《えぞうしや》の辻岡《つじおか》文助《ぶんすけ》から販売される（『東京朝日』八月四日）。こうした絵草紙屋の販売戦略をきっかけに、戦争錦絵の販売合戦が始まった。

またこの時期、ガラス板を用いるコロタイプ印刷や、銅板による網目製版という新しい印刷技術による戦況写真も登場する。その先鞭《せんべん》をつけたのは、七月二五日、豊島沖海戦で拿捕《だほ》された清軍の砲艦「操江《そうこう》」の写真である。これは、東京市京橋区日吉町にあった小川写真製版所で製版され、赤坂溜池の松澤堂で発売。こうした戦況写真を掲載した『日清戦争実記』（博文館　一八九四～九六）は、前例のない売れ行きを示したという（岡村　二〇一二）。ただ当時の写真は、戦艦や軍隊の様子を静的かつ時系列的に記録するのに有効であったが、間近で戦闘シーンを撮るには技術的問題があった。それゆえ、日清戦争のダイナミズムを描写するという点で、絵師や画家の右に出るものはなかったといわれる。

さて、戦争錦絵である。発売拠点は、東京市日本橋区周辺。日清戦争の開戦からわずか二週間の間に、どの絵草紙屋でもすでに数十種の錦絵を販売していた。なかには一日に刷れる限界の約二〇〇枚（これを一杯と数える）の三〇倍もの量を販売した業者がいた。また錦絵業者のなかには、戦争錦絵の販売で一万円から、多ければ一〇万円以上もの儲《もう》けを手にした者もいたというから驚きである（『読売』一八九四年八月一四日）。当時、大判錦絵の価格は三枚一組でせいぜい六銭（一円＝一〇〇銭）。それだけに、戦争錦絵を売る絵草紙屋の利益は想像を絶する額であったことがわかる。

戦争錦絵の販売が活況を呈していたころ、戦時下ということもあって軍部や政府の発注により銅板師、草鞋《わらじ》屋、馬具《ばぐ》師、鞄《かばん》師、眼鏡屋、運送店、刀剣商などの業者も異例のにぎわいとなっていた。反対に、戦時下の節約ムードによって、寄席《よせ》、船宿《ふなやど》、待合茶屋《まちあいぢゃや》、料理店、車曳《ひき》、呉服店、古着屋、質屋は閑古鳥《かんこどり》が鳴く寂しさであった（『東京朝日』一八九四年八月二二日）。戦争勃発を機に、一九世紀末の東京市の様子が一変してしまった。

錦絵業者の歓喜の背後には悲鳴もある。粗製乱造は大量生産をおこなうときの宿命であった。軍関係者は、絵師の描写には誤りが多いことをしきりに指摘していた。たとえば、八月二七日の『読売』に投稿された「日清戦争の錦絵について」では、次のように書かれている（現代文に直す）。

清軍兵士の軍装は夏に冬服を着ていたり、武器は三国時代の刀や槍《やり》を使ったりしている例が見られるほか、陸海における戦闘の様子はあまりにも想像がすぎて、じつに腹立たしい。……清の画家は事情にうとく、日清戦争画で勝手に事実をひどく捻《ね》じ曲げていると笑ってはいるものの、振り返って今日の東錦絵《あずまにしきえ》の画家を見れば、情勢を理解しないまま彼らと同じような誤りを犯しているのには愕然《がくぜん》とする。

清の画工が戦闘シーンで清軍の兵士を想像に任せて描いているように、日本人絵師も同じように空想画を描いているとの苦情であった。

こうした空想錦絵の例は、じつに多く見ることができる。たとえば、一八九四年に絵草紙屋の綾部半次郎《あやべはんじろう》が出版した『日清戦役錦絵帖』にも、次のような誤りが見られる。当時の常備歩兵聯隊の軍旗は金色の飾緒《しょくしょ》で縁取り、三方に紫色の房を垂らす様式であったが、この錦絵では旧制式の陸軍御国旗《ごこくき》が描かれている。清軍の兵士も、戦地ではありえないカラフルな軍装を身に着けている。そもそも清軍は、八旗《はっき》や緑営《りょくえい》という正規軍と、湘勇《しょうゆう》や淮勇《わいゆう》という地域自衛軍の連合体であったため、軍装や軍備は統一されていなかった。

戦争描写の正確さが求められるようになると、写真が次第にその役割を担っていく。『東京朝日』の付録（一種の号外）に初めて写真が掲載されたのは一八九四年六月一六日のこと。また、博文館《はくぶんかん》に大きな成功をもたらした『日清戦争実記』は、目新しい口絵写真が読者の関心を集め、毎号五万〜六万部ほど発行されたという。当時としては驚異的な売れ行きであった。

錦絵と新旧演劇との交差

戦争錦絵のなかには、戦争ものに関する新旧演劇の上演ポスターも含まれていた。ここでは、書生《しょせい》（壮士《そうし》）芝居といわれた新派劇を代表する川上音二郎《かわかみおとじろう》の一座に触れておきたい。川上といえば、頭に鉢巻き、陣羽織《じんばおり》を身に着け、日の丸の軍扇《ぐんせん》を使って、書生芝居の幕間《まくあい》に政治や社会を風刺する「オッペケペ節」を演じたことでよく知られている。

しかし、川上一座がフランス視察の直後、各劇団に先んじて、日清戦争をテーマとした興行で大ブレイクし、名声を高めたことはあまり知られていない。「壮絶快絶《そうぜつかいぜつ》日清戦争」の初演は、一八九四年八月三一日に浅草座でおこなわれた。芝居は、北京《ペキン》で清軍の捕虜になった二人の日本人新聞記者が、清の重臣である李鴻章《りこうしょう》の面前で激論を交わすという奇想天外な内容であった。しかし、成歓・牙山の戦いの記憶が鮮やかなりしころである。海の向こうの戦争と同期するかのように、この演目は当たりに当たった。九月二〇日付の『読売』には、「近来絶無の好景気にして、初日以来売切ざる日とてはなく、川上の名嘖々《さくさく》として海外にまで伝わる」ありさまであったと報じられている。浅草座での興行を大成功させた川上一座は、一〇月には横浜や広島でも同じ演目で巡回公演をおこなった。

日清戦争を素材にした芝居用の戦争錦絵はいくつか残されている。上演二日目に発売されたのが、図1-2の香朝楼《こうちょうろう》（三代目歌川国貞《うたがわくにさだ》）の錦絵である。国貞は四代目歌川国政とも称し、また香朝楼のほか豊斎《ほうさい》の号でも知られる名うての絵師で、川上一座の芝居のために幾度も錦絵を描いている。

川上一座の興行が破格の成功をなしたのに影響されてか、伝統的な歌舞伎界でも戦争狂言が上演された。三代目国貞には、春木座《はるきざ》で開催された歌舞伎狂言（一八九四年九月）のために描いた錦絵「春木座新狂言　日本大勝利」もある（図1-3）。ただ先述のように、これには旧制式の誤った軍旗が描かれ、福島安正《ふくしまやすまさ》中佐役の四代目中村芝翫《なかむらしかん》の軍服は礼服であり、清軍の兵士は上官用の帽子をかぶっている、なんとも奇妙な錦絵であった。とはいえ、西南戦争のときに歌舞伎狂言が当たった状況とは異なり（埋忠 二〇一六）、日清戦争がらみの狂言はあまりヒットせず、年末にはこの種の企画は取り止められた（岡本 一九三五）。

川上は、「壮絶快絶 日清戦争」の巡回上演を終えた後、戦時中であったにもかかわらず、警視庁に対して芝居の素材を収集するための渡韓を申請して許可されている。川上らは、総重量約一トンの重さがあったという大型暗箱《あんばこ》（写真機）などの撮影用具を台車で運び、朝鮮半島の晋州《チンジュ》、大邱《テグ》、聞慶《ムンギョン》、京城、仁川《インチョン》港を経由して大同江《テドンガン》に上陸し、平壌《ピョンヤン》城を経て清に入国。鴨緑江《おうりょくこう》沿いにある九連城《くれんじょう》まで赴いた。じつに苦難の戦跡取材であった。

九連城付近の視察の際には、清軍兵士が放棄した衣服、刀、剣、旗幟《きし》、軍帽などを集めて

図1－2　香朝楼（三代目歌川国貞）「川上演劇　日清戦争」

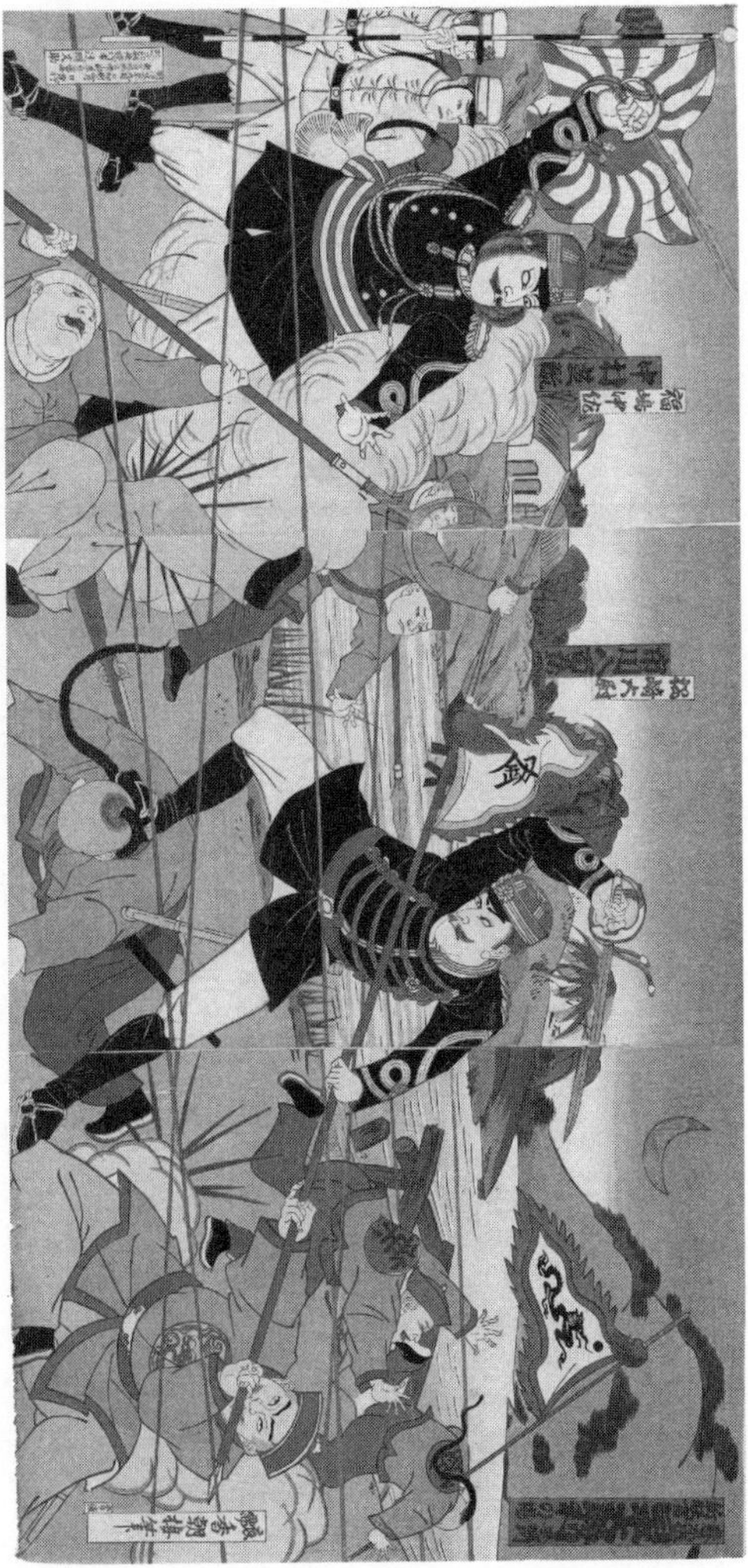

図1－3　香朝楼（三代目歌川国貞）「春木座新狂言　日本大勝利」

持ち帰っている。帰国後まもない一一月二九日から、東京の市村座《いちむらざ》では戦地で集めたこれら軍用品を使って、新たに「川上音二郎戦地見聞日記」を上演し、これまた拍手喝采を浴びた。三代目国貞は、この書生芝居のためにも数点の錦絵を描いている。

皇太子（のちの大正天皇）も、「川上音二郎戦地見聞日記」のうわさを聞きつけ、一二月九日に上野で開催された東京市第一回戦捷《せんしょう》祝賀会に出席するついでに、川上一座の特別上演を観劇したという。三代目歌川国貞の長男である小国政《こくにまさ》が、そのときの皇太子の様子を錦絵に残している。

このように、当時の錦絵は、時局速報と大衆文化の宣伝媒体とを結びつけ、国民の「戦争熱」を焚《た》きつける役割を担っていたのである。

「平壌の戦い」と清軍イメージ

市井では戦争錦絵の発売や川上一座の新派劇によって「戦争熱」に拍車がかかるなか、一八九四年九月一五日に起こった「平壌の戦い」が人びとの耳目を集めた。この戦いは、日清戦争最初の大規模な陸戦であり、朝鮮半島から清軍を駆逐する重大な一戦であった。

戦闘が終わらないうちに、すでに「戦勝」を祝う錦絵や書籍が発売されている。たとえば、熱血処士が記した『日清戦争軍歌――日本兵大勝利』（中島抱玉堂　一八九四）が刊行されたほか、『読売』九月の紙面を繰ると、戦闘から一週間ほどが過ぎたころに早くも水野年方の「平壌激戦大勝の図」、楊州周延の「平壌陥落之図」、小林清親の「平壌攻撃電気使用之図」などの錦絵広告が出ている。

ほかにも平壌の戦いに関する錦絵は多く描かれている。とりわけ興味深いのが、スタンフォード大学フーヴァー研究所も所蔵する右田年英《みぎたとしひで》による二組の錦絵「向処無敵《むかうところてきなし》 平壌陥落」「鏖殺《おうさつ》平壌略取の図」である。発売時期に一ヵ月の開きがあるものの、じつは同一場面の左右画面を構成する、二組六枚つづきの錦絵であったことがわかる。ところが、同研究所のマリサ・リー氏から、これらの左端に繋《つな》がる錦絵がもう一組あると指摘された。東京経済大学桜井文庫にも所蔵されている「膺懲《ようちょう》 義軍平壌攻撃」である。つまり右田が描いたのは、三組九枚つづき、全体で一畳サイズをなす異例の巨大錦絵であったわけである。

この巨大錦絵では日本軍の軍旗、軍装、武器は正確に描かれていたが、清軍の軍装は相も変わらず鮮やかすぎるほどに彩色され、上官用の軍帽を一般兵卒がかぶっていたり、軍旗の一字が虚飾の当て字で描かれたりしている。錦絵というビジュアル・メディアからは、清軍の絵姿はステレオタイプに描かれつづけていたことがわかる。この種の中国人イメージは、その後もさほど変化することなく、戦後の時代劇にもしばしば現れている。

2　石版画が伝える大清帝国の「戦勝」報道

『点石斎画報』に見られる愛国主義

日本と対峙した清では、庶民から知識人まで愛好したビジュアル・メディアとして、画報や年画《ねんが》があげられる。なかでも、上海の申報館《しんぽうかん》に付設された点石斎石版印刷書局が、一八八四年五月から九八年八月まで、一四年間にわたって発行した『点石斎画報』は別格であった。この画報は清仏戦争のさなかに創刊され、義和団《ぎわだん》事件を契機とした八ヵ国連合軍との戦い（一九〇〇～〇一年）が起こる二年前に廃刊された。短期間ながらも清代末期にもっとも人気を博したビジュアル・メディアであった（中野・武田 一九八九）。

『点石斎画報』は、戦況を描いた図版のほか、当時の社会風俗、海外事情、科学や自然、宗教や迷信、官界情報など広範な内容を掲載した総合メディアである。ただし、戦況記事については、正確さよりも大衆迎合的な「戦勝」報道に重きが置かれていた。それが庶民の心を捉え、清が滅びて中華民国の時代を迎えても人気は衰えず、申報館はリプリント版を販売しつづけた。

大衆迎合主義的な『点石斎画報』は、後述する石版画「鴨緑江戦勝図」のほか、「牙山大勝」「海戦勝利の報（海戦捷音《しょうおん》）」「破竹の勢い（破竹勢成）」「大同江戦記（大同江記戦）」一、二」などで、すべて清軍の「戦勝」を伝えていた。親会社の申報館が発行する全国紙『申報』はこの戦いを正確に報道していたが、『点石斎画報』だけを愛読していた社会層には、清こそが戦勝国であったと映っていただろう。ともあれ、『点石斎画報』の人気にあやかって、その後も類似した画報が発売された。一九世紀末の清においても、版画によるビジュアル・メディアは、ナショナリズムを喚起する装置として機能していたのである。

「戦勝報道」の根幹にあるもの

さらに清の「戦勝報道」を見ていこう。年画は、当時の日本の錦絵と同様に単品販売をしていたメディアである。もともとは魔除けと吉祥《きっしょう》祈願《きがん》のために自宅の門や壁に貼る使い捨ての絵図だったので、戦争を描いた年画はほとんど残っていないと思われていた。それゆえ、二〇一四年五月に大英図書館と日本の国立公文書館アジア歴史資料センターが共同して開催したウェブ特別展「描かれた日清戦争——錦絵・年画と公文書」で戦争年画が公開されたことに衝撃を受けたのは、ほかならぬ中国系の人たちであった。

公開された戦争年画を見てみたい。図1-4は、一八九四年九月一七日に起こった黄海海戦を描いた石版印刷の年画である。清軍が「勝利」したとする論調で綴《つづ》られており、海軍の

図1－4　年画「海軍大勝図」

活躍ぶりが強調されている。しかし、画像左側の清軍主要艦「鎮遠《ちんえん》」が右側の日本海軍主要艦「松島《まつしま》」を大破しているように描かれているが、もとよりそうした事実はない。また、細かに見れば、「鎮遠」や「松島」のマストの数や「松島」が破損した箇所が間違っている。画工が空想して描いた、フェイクニュースという代物であった。

別の年画はどうか。「鴨緑江水戦勝利の報」では清軍が陸上から日本艦に砲撃を加える様子が描かれている。実際には存在しなかった戦闘シーンでありながら、清軍の優位さえ示されている。さらに、カラー刷りの「威海《いかい》衛《えい》の大戦で勝利を得るの図」では、平壌の戦いで逃亡して失脚したはずの将軍葉志超《ようしちょう》の軍旗が誇らしげに風になびいている。

それにしても、日清戦争の年画は、人びとを惹きつける力があったのだろう。二〇一六年ころから中国のSN

Sでは、このウェブ特別展の年画を目にした人たちが清の「戦勝」を確信し、自国の歴史観を修正する必要があると呼びかけたことが話題となった。現代中国においても清代の年画が大きな反響をもたらし、愛国主義を高揚させたのである。

3　欧州メディアが伝える東アジアの戦争風景

新聞の細密画

次はヨーロッパへ目を向けてみたい。一九世紀中葉に起こった二度のアヘン戦争、一八八四年に勃発した清仏戦争などの影響で、とりわけイギリス、フランス、ロシア、ドイツは日清戦争に特別な関心を寄せ、報道合戦を展開した。ただ、いずれの国も戦争の直接の当事者ではなく、日本と清のような戦意高揚や愛国主義とは距離をとった報道姿勢が見られる。

一九世紀後半とは、ヨーロッパでは一八六七年のパリ万博や七三年のウィーン万博を契機にジャポニスムが流行した時代である。とくに一八九三年に開催されたシカゴ万博では、平等院鳳凰堂《びょうどういんほうおうどう》をモデルに建てられた日本館などが驚きをもって迎えられた。また同時期に写真のコロタイプ印刷や銅版の網目印刷が開発されたことで、写真を通じて日本の美が広く知られることになる。

ジャポニスムの流行と軌を一にするように、日清戦争の戦況は遠い西洋の地でも関心が高まった。帝国日本では増えつづける内外の取材陣に対して、平壌の戦いが起こる一日前の一八九四年九月一四日に、「外国新聞記者従軍心得《こころえ》」が公布されている。海外のメディア関係者であっても、軍隊や軍艦などの軍備に関する撮影は遠景撮影しか許可されないとの通達であった。

とはいえ、ヨーロッパの新聞や雑誌に掲載されたイラストには、日本の「心得」は及ばなかった。イギリスの『イラストレイテド・ロンドン・ニュース』が創刊されて以来、欧州の絵入り新聞は、写実的な細密画像にするという方針が主流であり、白黒写真の利用は少なかったからである。ただ事実をできるだけ映し出そうとした点で、空想的、創作的であった日本や清のメディアとは違っていた。

写実的な戦場イラスト

フランスの中産階級向け絵入り新聞『ル・イリュストラシオン（*L'Illustration*）』（一八四三年創刊）や保守系絵入り週刊誌『ル・モンド・イリュストレ（*Le Monde illustré*）』（一八五七年創刊）、イギリスの中産階級向け絵入り新聞『ザ・グラフィック（*The Graphic*）』（一八六九年創刊）などには、軍関係や上流階級向けのメディアとは違って、市井の生活や営みを写した挿絵や写真が掲載されていた（清水 二〇一一）。

なかでも『ル・モンド・イリュストレ』や『ザ・グラフィック』の通信員として雇用されたフランス人画家ジョルジュ・ビゴーが描く写実的なイラストは、日清両国の戦争報道と比較すると異色であった。戦争の記録写真では撮影されないような被写体——戦闘を離れて安堵《あんど》している兵士、軍夫《ぐんぷ》や捕虜の疲弊した姿、野戦病院や墓地、困窮する戦地の地元民、戦闘とは関係のない自然景観など——が描かれていたのである。ビゴーは人びとの表情を写真に収め、それをもとにイラストを描いていたといわれる。

ビゴーのような観察眼が、日本人になかったわけではない。日清戦争の撮影のために日本最初の従軍カメラマンとなった亀井茲明《かめいこれあき》がいる。亀井は、戦地の自然の景観や、休息する将兵に加えて、「〔旅順《りょじゅん》の〕石嘴子《せきしし》附近において戮殺《りくさつ》せし敵の間諜《かんちょう》遺死」といった悲惨な情景も注意深く撮っていた。ただ亀井の写真集『明治二十七八年戦役写真帖』（一八九七）や『従軍日乗』（一八九九）が世に出ることができたのも、私家版として検閲をすり抜けたからである。惜しいことに、亀井は従軍撮影の過労がたたったのか、終戦の翌年、三六歳の若さでこの世を去っている。

ビゴーの話に戻ろう。彼が横浜居留地で発行した風刺漫画雑誌『トバエ（*TÔBAÉ - Journal*

Satirique)』（一八八七〜八九）などが編集者の目にとまったのか、日清戦争勃発直後に『ザ・グラフィック』は、日本軍つきの通信員としてビゴーを雇い、また清軍つきの記者としてチャールズ・フリップを雇用している（清水 二〇一二）。異なる場所に派遣されたものの、両者が描く戦場の風景はよく似ており、いずれもヨーロッパ画壇ではやや時代遅れの感があった精密画で描かれていた。

図1－5　ビゴー「戦地に赴く」

一八九四年一〇月、ビゴーは釜山《プサン》から朝鮮半島を北上し、仁川、平壌を訪れ、さらに中国の鴨緑江の作戦現場を取材している。その後いったん日本に戻り、一一月には遼東半島の金《きん》州《しゅう》、大連、旅順などで取材を継続した。

『ザ・グラフィック』には、日本ならば確実に検閲対象となるような挿絵が見られる。一八九五年四月一三日号に掲載された図1－5のモノクロのペン画は、出征を悲しむ本人と家族の姿が描かれており、見る者の胸をつく。『ル・モンド・イリュストレ』に掲載された写真も等身大の人びとの姿が映し出されている。

「戦争熱」の炎上と収束

国民の敵愾《てきがい》心を煽り、「戦争熱」を演出したのはメディアだけだったのか。一八九四年九月二九日付の『読売』「市中にみる戦争の影響」では、次のようにある。

絵草紙屋の店頭はことごとく日清戦争の錦絵が飾られ、おもちゃ屋は軍刀、鉄砲、軍帽、ラッパなどの玩具を特売している。写真屋は山縣有朋《やまがたありとも》、大山巌《おおやまいわお》、樺山資紀《かばやますけのり》ら陸海軍の将校や軍艦などの写真を飾り、酒屋は「皇国」「大勝利」「百戦百勝」といった銘柄の酒を販売。寄席では軍談師が『朝鮮軍記』を読み、囲碁将棋などの遊戯にも「平壌に進む」「威海衛を突く」「牙山を抜く」などの言葉が登場。また、団子坂（東京市本郷区）の菊人形は日清戦争関係で埋めつくされ、東京見物に来た観光客はまっ先に靖国神社境内の分捕品《ぶんどりひん》陳列所を見に行く……。このように、書き手の苦々しい心境が綴られている。「戦争熱」は、ビジュアル・メディアを介して消費文化と結びつき、急速に庶民の生活空間に浸透していたことが見えてくる。

ところがこれほどの「戦争熱」も、日清戦争終結から半年もすると、嘘《うそ》のように冷めてしまう。一八九五年一〇月一四日付の『読売』の随筆「流行錦絵の評判」は、こうした状況を次のように描写している。「今日はその絵〔錦絵〕頓《とみ》に勢力を失して、〔右田〕年英、〔尾形《おがた》〕月耕《げっこう》など三四すぐれたるを除きては、大概は店の後段に退けらるるか、あるいは下積となれり」。さらに、人びとは錦絵が大量生産され、マンネリ化した画風には見飽きつつも、ただ小林清親が描く戦争風刺画の連作「日本万歳 百撰百笑《ひゃくせんひゃくしょう》」（一八九四～一九〇四）だけが人気を保っている、と記されている。

日清戦争を題材とした清親の連作は、滑稽《こっけい》なタッチ、俗っぽい人物描写が当時の国民の心を捉え、国産風刺漫画の先駆けとなった。すべて清親の創作というよりも、『イラストレイテド・ロンドン・ニュース』の特派員チャールズ・ワーグマンが横浜で発売した日本最初の漫画雑誌『ジャパン・パンチ（*The Japan Punch*）』（一八六二～八七）からの影響も受けていたようである。

清親の風刺漫画は、敵国の清を嘲笑しているかのように見えながら、じつは民衆を動員して犠牲を強いる戦争を風刺する作品であり、笑いと涙が内包されている稀有《けう》な作風に共感が得られる。その一枚、「清代限り」（図1‐6）では、戦争に負けた清が日本に領土を割譲したことを漫画じたてにしている。中国人の商人が日本の軍人らしき人物相手に、領土の名前をもじった骨董品——旅順壺《こ》（＝旅順港）、花園壺《かえんこ》（＝花園口《こう》）、奉天譜《ほうてんふ》（＝奉天府）——を売る様子である。清親は、骨董を買おうとする軍人たちの姿よりも、むしろ戦争犠牲者である

図1－6　小林清親「日本万歳 百撰百笑 清代限り」

商人の姿にたくましくも悲哀を帯びる民衆の姿を映し出し、共感を呼び起こしたのではあるまいか。

戦争が終わると、帝国日本と清の間で、下関条約が締結される。清は朝鮮の独立、大連と旅順港を含む遼東半島・台湾・澎湖諸島の割譲、賠償金二億両《テール》などを承認する内容である。しかし、遼東半島に関しては、翌一八九五年四月二三日にフランス、ドイツ、ロシアが引き起こした「三国干渉」によって、返還が強制された。この時期、これら三国および米国で黄《こう》禍《か》論（黄色人種警戒論）が登場したことは決して偶然ではなかった。

黄禍論を喚起させる外国のビジュアル・メディアに注意するとともに、そうした媒体をコントロール下に置くこと。これこそ、日清戦争を通じて帝国日本が学んだことである。後者については、一八九九年七月に「軍機保護法」と「要塞《ようさい》地帯法」が公布されている。「軍機保護法」は軍隊の動向、兵器の破壊力など軍事秘密を保護する規定であり（一九〇一年に台湾、一三年に朝鮮で施行）、「要塞地帯法」は陸軍管轄の軍事施設や海軍管轄の鎮守府《ちんじゅふ》、警備府、要港部などの軍港に関する情報を規制する法律であった（一九〇八年に関東州、一三年に朝鮮、一九年に台湾で施行）。こうしたメディア規制の法律がその後、帝国日本を貫くルールとして広がったのである（貴志 二〇一六）。

つづく第2章では、二〇世紀日本の歴史に刻印される日露戦争を通じて、日本とロシアを比較しながら、戦争プロパガンダの変容を読み解いていきたい。

第2章　日露戦争期――「戦勝神話」の流布（一九〇〇年代）

日露戦争（一九〇四～〇五年）は、朝鮮半島と満洲南部における権益をめぐって、帝国日本がロシア帝国を相手にした覇権闘争であった。日清戦争からわずか一〇年後。その間にもメディアやそれを支える印刷技術は著しく変化していた。前章で見た「戦争錦絵」はすでに凋落《ちょうらく》しており（Dower 二〇〇八）、これに代わるようにして登場したのが写真を掲載する新聞や出版物である。多色石版印刷の挿絵や漫画も依然として人気があった。

遠く離れたヨーロッパでも、写真の運搬に時間がかかるため、多色石版印刷のイラストレーションに人気が集まる。ロシアの農村部ではルボークといわれる民衆版画、都市部では絵葉書、そして西ヨーロッパでは色彩豊かなグラフ誌が流行し、報道やプロパガンダ戦術でのビジュアル・メディアの役割が定着していく。

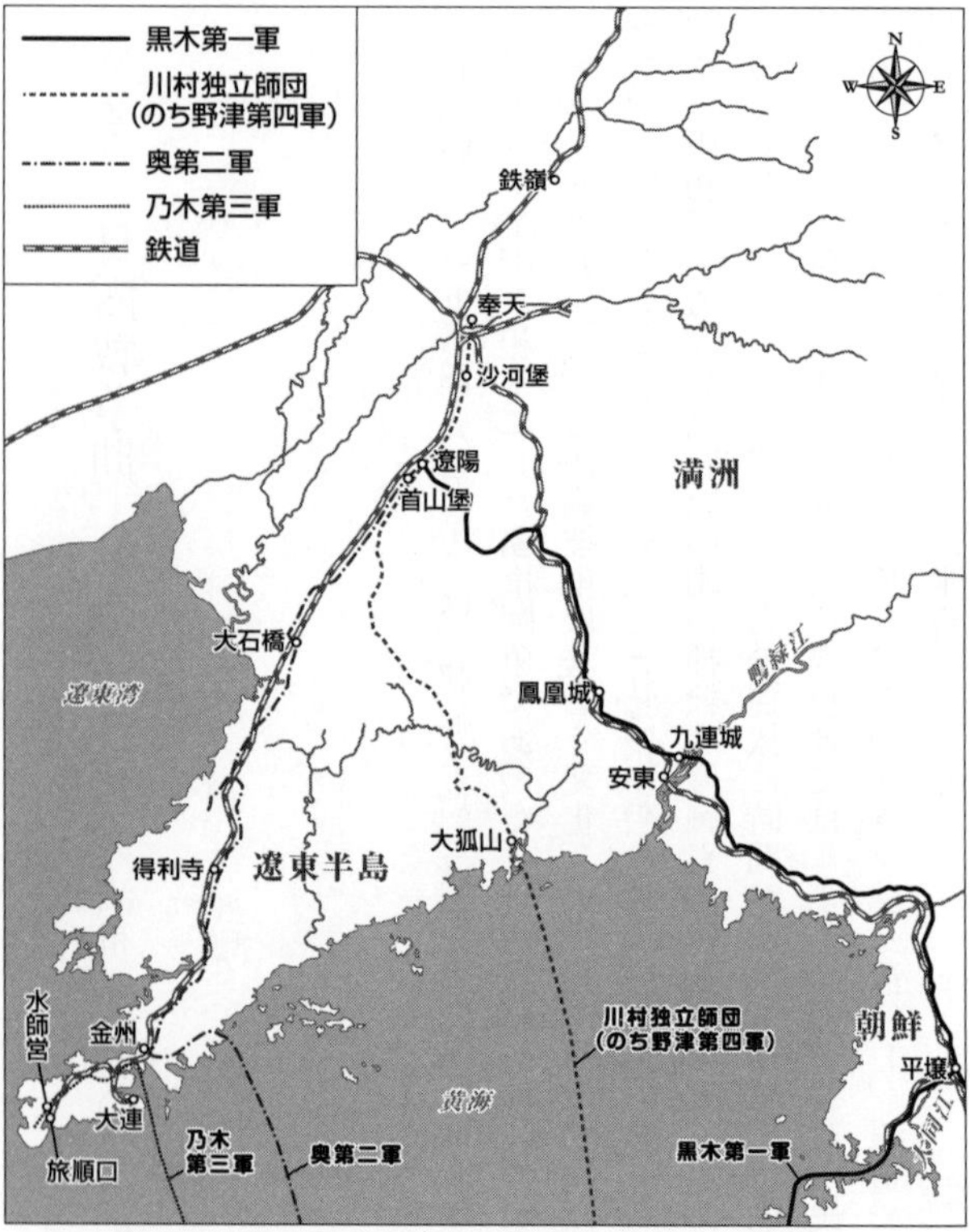

地図　日露戦争　1904－05年

こうした報道メディアの多様化は、日露戦争のプロパガンダ戦の一側面を反映していた。日本、ロシア両国では、官民ともにビジュアル・メディアを活用して「戦争熱」を煽り立て、一貫して「戦勝神話」を流していたのである。

1　帝国日本に浸透する写真、絵葉書、活動写真

広報外交とメディア・ナショナリズム

日露戦争はどのような戦争であったのか。戦争の期間は、日清戦争のほぼ二倍、一九ヵ月に及んだ。帝国日本の兵力は一〇九万人、一方ロシア帝国は二〇八万人と著しい差があったが、長期間の戦争で国庫が逼迫《ひっぱく》するほどの膨大な戦費を必要とした点では同様であった。日本では陸軍の総軍事費は一八億円にのぼり、日清戦争の六倍にあたる金額であった。うち約四割は関税収入やタバコ専売益金を担保とした外債に依拠している（日本興業銀行外事部 一九四八）。

戦費を外債で賄うためにも、日本もロシアも戦争の正当性を対外的にアピールするためプロパガンダ戦を展開する必要があった。とくに帝国日本としては、西洋諸国からの支援を得

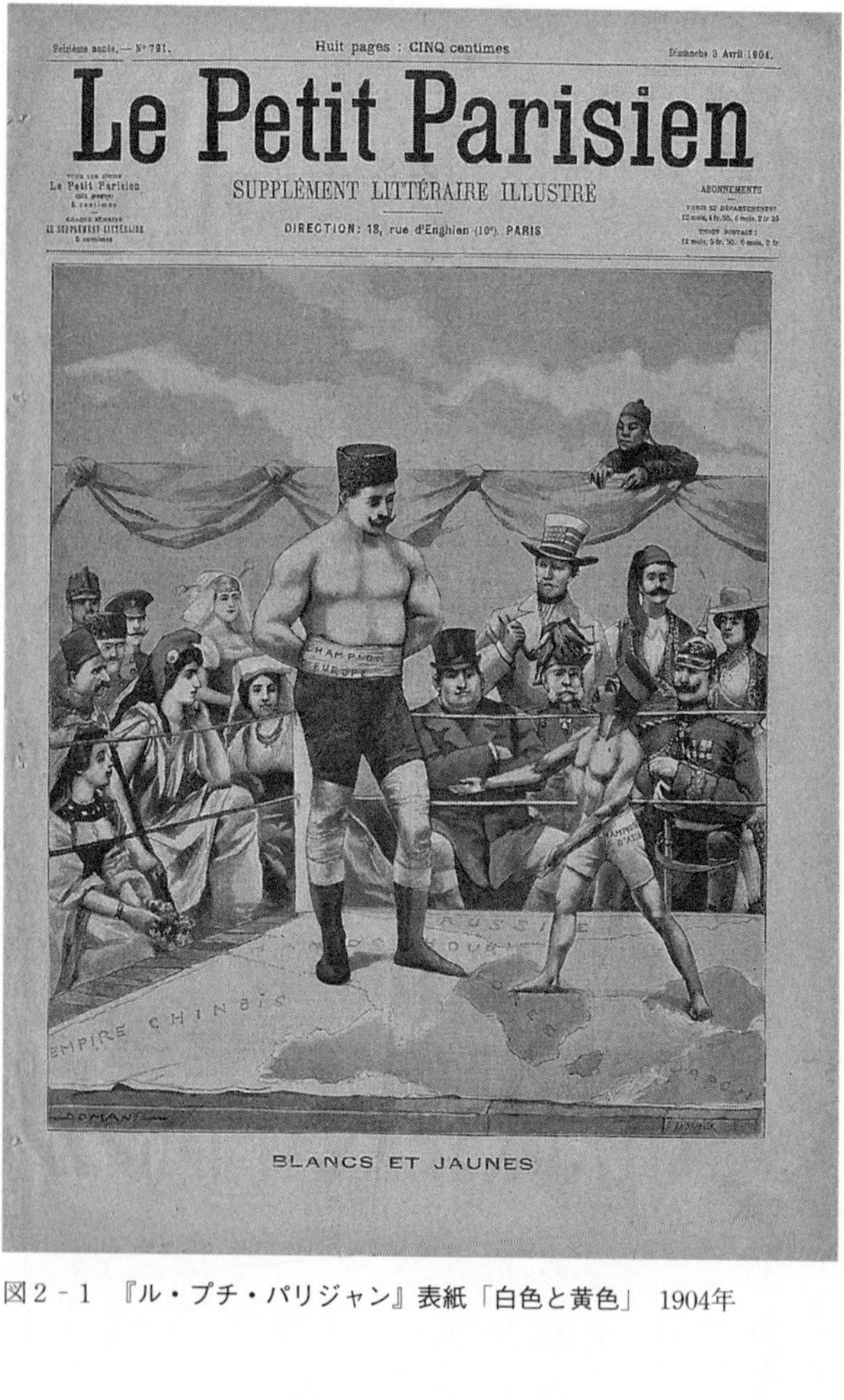
Seizième année. — N° 791. Huit pages : CINQ centimes Dimanche 3 Avril 1904.

Le Petit Parisien

Le Petit Parisien
5 centimes

SUPPLÉMENT LITTÉRAIRE ILLUSTRÉ

DIRECTION : 18, rue d'Enghien (10e). PARIS

ABONNEMENTS

BLANCS ET JAUNES

図2－1　『ル・プチ・パリジャン』表紙「白色と黄色」 1904年

るために、ロシア帝国との戦争はキリスト教圏（＝ロシア）と非キリスト教圏（＝日本）の戦いではなく、また欧米世界への戦いを挑むものでもないと強く訴え（山室 二〇〇五）、黄禍論を封じ込める必要があった。ただ時代は明治末期。政府や軍部だけが戦意高揚に努めていたわけではなく、民間の新聞や雑誌などが先んじて同様な効果を狙っていた点は留意すべきであろう（飯倉 二〇一〇）。

当時の国際関係も錯綜《さくそう》していた。英米両国は帝国日本を支援する一方、フランスやドイツはロシア帝国を支持しており、そうした絡み合った利害関係を各国のグラフ誌も伝えていた。たとえば、イギリスの『イラストレイテド・ロンドン・ニュース』や『ザ・グラフィック』は、日本軍への同情を示すイメージをたびたび掲載していた。

一方、フランスを代表する絵入り日刊紙の『ル・プチ・パリジャン（*Le Petit Parisien*）』や『ル・プチ・ジュルナル（*Le Petit Journal*）』は、帝国日本に厳しいまなざしを向けていた。前者に掲載された図2－1には、日本本土と朝鮮半島を足場とする日本の小男（アジア代表）が、ロシアの大男（ヨーロッパ代表）に挑みかかる姿が冷ややかに描かれている。帝国日本への批判や風刺は、万事がこうした調子で埋められていた。

戦況写真の登場

次に戦況写真の成り立ちを見てみよう。日清戦争期に新聞の付録（特別号）に掲載されたことはあったが、新聞本紙に戦況写真が掲載されたのは日露戦争期が初めてであった。

とくに有名な写真が、一九〇四年九月三〇日付『東京朝日』の「遼陽《りょうよう》写真報」に掲載された「九月一日シャオシャンズイ〔首山嘴？〕高地占領後の光景」である。遼陽会戦（遼寧《りょうねい》省）は、日露戦争における最初の本格的な武力衝突であった。この戦いをカメラに収めたのは、朝日新聞従軍記者の上野岩太郎《うえのいわたろう》であった。初代北京特派員であった上野は、義和団事変（一八九九〜一九〇一年）につづき、日露戦争にも従軍していた。上野の撮影は、三脚付きカメラと乾板を用いる従来の方法ではなく、ハンドカメラとロールフィルムを使用していた。カメラを手に、戦闘の合間に休憩する兵士たちの様子を撮ることに成功したわけである。ただ、この時期の新聞に掲載された写真の解像度は、それほど高くはなかった（朝日新聞百年史編修委員会 一九九〇）。

遼陽会戦終了後の九月九日、日本軍は満洲軍総司令官大山巌《おおやまいわお》の指揮のもと、遼陽に入城。ただ兵力の消耗が激しく、ロシア軍を追撃できずにいた。一方、ロシア軍の満洲軍総司令官アレクセイ・クロパトキンは、遼陽から「戦略的後退」することを主張し、奉天（現瀋陽《しんよう》）まで撤退した。日露両軍は、遼陽会戦でともに二万人あまりの死傷者を出し、敵軍の制圧という戦略目的を果たせなかったにもかかわらず、内外に「戦勝宣言」を発したのである。

軍部が講じたプロパガンダ戦略に呼応したのは新聞や雑誌といったメディアであった。日露双方とも、自らの戦略の失敗を示さず、「戦勝」を讃《たた》えるというプロパガンダ情報を流すことで世論を操作した。この時期の新聞社は、検閲によってではなく、自らが忖度《そんたく》して情報を流していた。こうした手法は、その後も長く踏襲されていく。

写真利用の多様化

一九〇〇年代、写真の普及によって急増したのがグラフ誌である。日露戦争に特化したグラフ誌二〇種あまりのうち、大本営写真班撮影による『日露戦役写真帖』全二四巻（小川一真出版部）以外は、ほとんどが民間の出版社が手がけたものであった。『写真画報』（博文館）、『日露交戦録』（春陽堂）、『戦時画報』（近事画報社）、『軍事画報』（郁文舎）、『日露戦報』（冨山房）、『日露戦争詳報』（兵事雑誌社）などの写真グラフ誌が次々に発行され、読者を奪い合った。なかでも、写真と挿絵を巧みに用いた『戦時画報』は、一ヵ月に約一〇万部の販売を記録するなど、とくに人気を誇っていた（黒岩 二〇〇七）。

写真は日露戦争のさなか、セントルイス万国博覧会（一九〇四年四月三〇日～一二月一日）が開催されたとき、広報外交にも用いられた。日本政府は、ロシア帝国が博覧会への参加を取り消したと聞いて、博覧会への参加を強行。会場に設置された日本館では、「大日本帝国交通地理模型」とともに、写真家の小川一真《おがわかずまさ》が製作した「大日本帝国名勝彩色額」が飾られ、計一七四点にのぼる日本本土や台湾、朝鮮の名勝写真が展示された（農商務省 一九〇五）。

博覧会への出展は効果絶大であった。日本政府の意図どおり、米国内では帝国日本の産業や文化への関心が高まり、日露戦争にも目が向けられるようになった。こうした戦争と博覧会の密月関係は、日中戦争以降に「開花」する（第6章）。

絵葉書ブームの到来

戦況写真や災害写真は、絵葉書にも広く活用された。日露戦争期に錦絵が下火になるにつれ、絵葉書が流行するようになった。日本で私製の絵葉書が始まったのは、郵便法により私製葉書の使用が認められた一九〇〇年以降といわれる。日露戦争勃発直後、早くも大阪の服部《はっとり》商店、東京の活版印刷所である信友舎《しんゆうしゃ》が、日露戦争絵葉書を発行している（『東京朝日』一九〇四年三月一、一六日付）。

このほか、東京では博文館なども日露戦争絵葉書を発売していた。東京市日本橋区本町《ほんちょう》（現中央区日本橋本町）にあった博文館は、日清戦争期に創刊したグラフ誌『太陽』『日清戦争実記』の売り上げで経営基盤を固めた出版社である。

博文館の印刷工場である博進社の総務部長大橋光吉《おおはしこうきち》（のち共同印刷株式会社初代取締役社長）は、一九〇〇年代に絵葉書の作成、販売、啓蒙に力を注いだひとりであった。一九〇四年四月に大橋らが結成した会員制団体「日本葉書会」は、翌年一月には全国で五七の支部ができていたという。名誉会員には、浮世絵、日本画、洋画、版画、漫画、文学各界の著名人が参加していた。たとえば、画家の川端玉章《かわばたぎょくしょう》、久保田米斎、黒田清輝《くろだせいき》、浅井忠、中村不折《なかむらふせつ》、尾形月耕、合田清《ごうだきよし》、北澤楽天《きたざわらくてん》など、小説家の田山花袋《たやまかたい》、憲法学者の美濃部達吉《みのべたつきち》、劇作家の坪内逍遥《つぼうちしょうよう》も会員に加わり、当時の絵葉書ブームの隆盛ぶりが伝わってくる（向後 二〇〇九）。

戦争の推移とともに、出征兵士への慰問用葉書の需要が高まったことも見逃せない。民間より半年遅れるかたちで、逓信省は一九〇四年九月～〇六年五月の間に、「戦役紀念絵葉書」「満洲軍総司令部凱旋《がいせん》紀念」「明治三十七八年陸軍凱旋観兵式紀念」など四九種の絵葉書を発売した。これらはすべて東京印刷株式会社がアートタイプおよび多色石版印刷で作成したものであった。

日清戦争期には軍事郵便の上限が設けられていたが、日露戦争期には撤廃されて、「恤兵《じゅっぺい》絵葉書」四一種が戦地の将兵に無料で配布された。これも、最初の絵葉書ブームに拍車をかけることになった。その結果、日露戦争期の郵便物は、発信・到着あわせて計五億通近くにのぼり、日清戦争期の約四〇倍に達した（新井 二〇〇六）。当時の帝国日本の人口は四六〇

Kuroki.
Nozu.
Yamagata.
Oyama.
Oku.
Nogi.
Kodama.
Kawamura.
Issued by the Department of Communications as a souvenir of the Army Review held in Tokio after the War.
明治三十七八年戦役
陸軍凱旋観兵式紀念
From a photograph taken at the General Head-Quarters of the Manchurian Armies in Mukden.

図2－2　絵葉書「明治三十七八年戦役　陸軍凱旋観兵式紀念」

〇万人ほどであったことを考えると、驚くべき数量である。

図2－2の絵葉書は、日露戦争に参戦した二元帥六大将が奉天城内でおこなった会見写真を用いている。日清戦争期に日本で初めてフィルム写真で撮影したといわれる小倉倹司《おぐらけんじ》が、一九〇五年七月二六日に撮影したものである。小倉は日露戦争期に大本営写真班班長として、奥保鞏《おくやすかた》大将率いる第二軍司令部に従軍していた。絵葉書には、左から黒木為楨《くろきためもと》、野津道貫《のづみちつら》、山縣有朋、大山巌、奥保鞏、乃木希典《のぎまれすけ》、児玉源太郎《こだまげんたろう》、川村景明《かわむらかげあき》ら錚々《そうそう》たる将校たちの姿が写っている。

こうして、官民で発行された絵葉書の収集ブームが社会現象となる。実際、一九〇六年五月一三日付の『読売』は、このブームに便乗しようとして、絵葉書の販売店が四〇〇〇店あまり増え、なかには古本屋や絵草紙屋から商売替えをしたところもあったと報じている。時代とともに、戦争を伝えるメディアが変化し、あわせて業界も変わっていった。

以上のように、膨大な絵葉書が作成、印刷、複製、流通されたことにより、絵葉書市場は拡大の一途をたどった。ただ第1章末で述べたように、「軍機保護法」や「要塞地帯法」という規定に準じていたため、絵葉書の写真風景の多くは、検閲当局から許可されたものであった。一九〇〇年代の集団的記憶は、国家が求める「戦勝」イメージのなかで形成されていったのである。

活動写真＝映画の登場

写真や絵葉書とともに、あるいはそれ以上に国民の「戦争熱」を煽ったのが、一九世紀末に登場した活動写真、いわゆる白黒の無声映画であった。活動写真は、すでに一九〇〇年に起こった義和団事件（北清《ほくしん》事変）のときに、「北清事変活動大写真」として興行がおこなわれていた。そのとき従軍して撮影したのが柴田常吉《しばたつねきち》らであった。

柴田の名は、現存する最初期の活動写真といわれる『歌舞伎十八番　紅葉狩《もみじがり》』（一八九九）を撮影した日本人カメラマンとして有名である。この映画には、九代目市川団十郎《いちかわだんじゅうろう》や五代目尾上菊五郎《おのえきくごろう》が出演していた。映像フィルムは、二〇〇九年に重要文化財に指定され、国立映画アーカイブのウェブサイト（https://meiji.filmarchives.jp/works/01.html）に公開されている。この複製フィルム（一九二七）よりも古いフィルムが見つかり、二〇二二年五月に上映されて話題となった。

『紅葉狩』は一八九九年一〇月一八日に神田錦町の錦輝館《きんきかん》で封切られた。吉澤《よしざわ》商店が主催する日本活動写真会の特筆すべき成果である。錦絵の輸出商から出発した吉澤商店は、やがて幻灯機の製造販売にも着手。さらに店主の河浦謙一《かわうらけんいち》が、在日イタリア人のジョバンニ・ブラッチャリーニからシネマトグラフを手に入れたことで、その輸入販売事業に携わるようになる。ブラッチャリーニは、陸軍砲工学校の弾道学講師であり、錦絵や郵便切手のブローカーであった。のち吉澤商店は、国産の映写機も製造するにようになり、一九一二年九月には、他社三社と合同して日本活動フィルム株式会社（日活）を創設する（入江 二〇一八）。

日露戦争の活動写真が初めて上映されたのも錦輝館であった。同じく吉澤商店が製作した『日露戦争活動写真』が一九〇四年五月一～七日に上映。そのとき、『旅順港四月一四日の大海戦』『平壌市中我兵の進軍』など二〇本のショートフィルムが上映されている。撮影は、吉澤商店が軍司令部付従軍写真班として派遣した藤原幸三郎《ふじわらこうざぶろう》らが担当した。興行は、開場前にチケットが売り切れるほどの超人気となったため、上映期間も延長された。その後、東京の歌舞伎座や真砂座《まさござ》、さらに大阪中座《なかざ》、神戸相生座《あいおいざ》などでも巡回上映がおこなわれ（『読売』

一九〇四年四月二九日、『東京朝日』四月二八日、五月八日)、「戦争熱」の高揚に一役買った。

吉澤商店とともに、初期の日本映画史で見逃せないのが博文館である。先述したように、博文館は写真グラフ誌の創刊で経営を安定させていた。一九〇四年三月二三日、博文館の写真班が陸軍第二軍司令部の従軍写真班として参加。柴田常吉を含む六名の写真師のほか、小説家の田山花袋も加わっていた。このとき柴田が撮影したフィルム『第二軍征露戦争実地活動写真フィルム』が、九月八日に歌舞伎座で上映されている。昼夜ともに大入りとなり(大久保 二〇一一)、一一月五日に神戸の大黒座《だいこくざ》、同月一五日に京都の夷谷座《えびすざ》でも巡回上映がおこなわれた。

ただ、これらの日露戦争映画がすべて戦況を実際に撮った、いわゆる実写版であったわけではない。技術力がなかった時代であったため、なかには再現フィルムや、関係のない戦闘フィルムの再編集などもおこなわれていた。そうであったとしても売れる映画だったのである。

このようにして、一九〇〇年代のビジュアル・メディアの変遷を見ていくうえで、吉澤商店(錦絵→幻灯→活動写真)と博文館(グラフ写真+活動写真)の業績は特筆すべきものであった。その他、一九〇五年一月に明治座で「日露戦争活動写真大会」を開催した広告代理店の広目屋《ひろめや》の足跡も興味深い。広目屋は、楽隊広告から幻灯、そして活動写真に業務をシフトさせており、時代の先見性が見られる（『読売』一九〇五年一月七日）。なお、博文館と広目屋は業態を変えながら、今日も広告代理店として営業をつづけている。

このように、一九世紀から二〇世紀への転換期における印刷、出版、広告媒体の変遷を見るとき、各種のビジュアル・メディアが活動写真に収斂《しゅうれん》していく流れがわかる。いったんは飽きられそうになった活動写真が、日露戦争フィルムの上映で息を吹き返し（片岡 二〇二〇）、もっとも売れるプロパガンダ・メディアとして認知されていくのである。

2 ロシア帝国で流行する民衆版画と写真術

農村部に広まったルボーク

帝国日本と戦ったロシア帝国についても見てみよう。二〇世紀への転換期において、さまざまなビジュアル・メディアがロシアの世論に影響を与えた。農村部ではルボークという民衆版画が、都市部では絵葉書や写真帳、画冊《がさつ》が流通した。いずれも民間で商業販売されたメディアであった。

なかでも、日露戦争勃発とともに戦況情報を広げたのは、青空市場などで売られていたルボークによってであった。当時、識字率が低かったロシア農村部では、ルボークが戦意高揚のプロパガンダ・メディアとして、新聞や政府の広報よりも容易に受け入れられた。一方で、都市部に戦争絵葉書が流通するようになるのは数年後のこと。いずれのメディアも情報の正確さには乏しく、内務省警察部警備局や憲兵団による検閲を意識して、帝政ロシア政府の立場で戦争を表現していた。

ルボークとは、一五～一六世紀に始まった、ロシア民衆の手による素朴な木版画である。二〇世紀には石版画、銅版画へと発展。「一枚絵から挿絵、大衆本まで、題材としては世俗的・娯楽的」「インテリの眼からすれば時に価値のない、芸術性の低い作品」と定義づけられている（坂内 一九九五）。中国の農民画と似ているが、ルボークは、伝統的な木版印刷が二〇世紀初頭には多色石版印刷を用いて作成されるようになり、大量印刷と大量消費の時代に産業化したという特徴がある。

なかでも、最大の生産者と流通業者は、文芸の大衆化に道を開いたモスクワのイワン・スィチン社であった（Sergeyevna 二〇一六）。ルボークは、行商人たちの手によって、モスクワ近郊、サンクトペテルブルク、キーウ（キエフ）を中心に、ロシア帝国全土で広く販売されるようになる（Itkina 一九九二）。

伝統的な多色刷のルボークを見てみよう。正義と悪に分かれ、自国の英雄戦士が敵を打倒

図2－3　ルボーク「海辺に座って天候をみよう」　1904年

する姿が、ウィットに富むタッチで描かれる特徴がある。図2－3にあげた日露戦争初期のルボークでは、巨大で屈強なコザーク（コサック）が、小さく弱々しい日本人をからかうように戯画化され、ロシア帝国にとって日本は脅威たりえない存在であるように表現されている。しかも、日本人をそそのかしているのは、おしゃれな衣服を装ったイギリス紳士、アンクル・サム風のアメリカ人、辮髪《べんぱつ》姿の中国人であり、彼らもひとくくりに敵だとみなして、やはり嘲笑の対象としていた。

ルボークは市場や街頭で行商人によって安く売られた。野外定期市や縁日に出店する、ラヨークシニク（rayoshnik）と呼ばれる弁士が操るラヨーク（rayok）という移動式の箱型覗《のぞ》きからくりでも用いられたという。ラヨークは、作曲家のムソルグスキーがテーマにして作曲するほど、ロシアの人びとに親しまれた娯楽手段であった。農村部では、ラヨークとルボークが日露戦争のイメージを伝えたといえる。

ルボークのデザイン面で画期となったのは、一九〇四年六月一四～一五日に遼東半島で起こった得利寺《とくりじ》の戦いであったといわれる。この戦いでシベリア第一軍団が日本陸軍第二軍に駆逐されたことは、ロシア側には思いもかけないことであった。この戦いを境に、ルボークには小人化した日本兵という表現は影を潜め、ロシア人と等身大の敵兵として描かれるようになっていく。実際、戦いの約一週間後にイワン・スィチン社から発売されたルボーク「遼陽から〝敵到来〟と電報を打つ〔略〕。二日間に及んだ得利寺の戦いよりも激しく、粘り強い戦闘は想像に難くない」からも、ロシア兵と日本兵の関係性がわかる。

ただ、ルボークの情景描写や軍服などには、さまざまな虚飾がなされた。ロシア人兵士の姿は過度に勇壮に描かれる一方で、日本の兵士は臆病になって逃げ出す様子が目につく。日本軍の勝利さえ嘲笑的に扱われている。結果的にロシア帝国の敗戦は隠蔽《いんぺい》され、ルボークは国民に向けて「戦勝」を演出した。ルボークはプロパガンダという機能を果たす一方で、未知の世界であった極東の出来事に対して、民衆の興味を引きだす役割を担ったことは確かである。

図2－4　奉天会戦のときのロシア軍　1905年

奉天会戦の悲劇

一九〇五年二月二〇日から三月一〇日にかけて、奉天会戦が戦われた。ロシアでは奉天会戦こそ日露戦争でもっとも悲惨な戦いであったと記憶されている。日本では、その前年八月一九日から四ヵ月以上に及んだ旅順攻囲戦、とくに二〇三高地での戦いがよく知られているが、実際には奉天会戦はそれ以上の被害が出た壮絶な戦いであった。日露戦争最大のこの激戦で、ロシア軍は死者約八七〇〇人、負傷者五万一〇〇〇人あまり、捕虜二万一一〇〇人の犠牲を出し、さらに七二〇〇余人の行方不明者を生んだと記録されている。

図2－4は、奉天会戦のロシア側の様子を撮った一枚であり、当時馬車が軍人や兵器を運んでいたために移動に苦心している様子がうかがえる。

一方、日本軍は死者約一万五九〇〇人、負傷者約六万人、捕虜二〇〇〇人の犠牲を出した。苦い勝利の結果、日本軍は奉天を占領したものの、死傷者の数はロシア軍よりも多く、さらに戦略目的であったロシア軍を殲滅《せんめつ》することはかなわず、禍根を残すことになる。

このように、日露戦争は両国とも多大な犠牲を払った戦争であった。それゆえなのか、両国とも戦争のさなかも、戦後も「戦勝宣言」を発しつづけた。奉天会戦の五ヵ月後、写実主義の画家アレクサンドル・マコフスキーがイワン・スィチン社から、ルボーク「奉天からの撤退——一九〇五年二月二四日、我が軍はまだ奉天の前の陣地にいた」を売り出し、クロパトキン将軍の主張どおり、ロシア軍は敗退したのではなく、戦略的に撤退したと伝えた。

このようにロシアの人びとは、ルボークという民衆メディアや、農村共同体の集会ミルスキー・スホードで代読される新聞記事をとおして（梶川 一九九〇）、日露戦争の戦況に触れていた。ただし、そこには「敗戦」という文字はなかったのである。

都市部に普及した絵葉書や画冊

ロシア帝国で日露戦争を伝えたもうひとつのメディアが絵葉書である。ロシア最初の絵葉書の発行は、一八九五年だといわれる。絵葉書が世の中に流通すると、都市部のインテリを中心に絵葉書の収集熱が巻き起こる。絵葉書は本来通信の手段であったが、ロシアでも政府

図2-5　ブラが錦州で撮った写真　1905年

や企業の宣伝、社会教育、娯楽のメディアとしても普及した（Turmov 二〇〇五）。二〇世紀への転換期にあって、伝統的な印刷方法（木版画、石版画、エッチング）に加えて、新しい技術（多色石版印刷、フォトメカニクス）が絵葉書印刷に取り入れられた。

ロシアの絵葉書の多くは、写真をもとに描かれていた。そのため、出版社は写真家の作品の収集に努めた（Sergeyevna 二〇一六）。なかでも、ロシアのルポルタージュ写真の創始者であるカール・ブラが有名である。ブラは日露戦争さなかの一九歳のときに、絵入り雑誌『ニーヴァ（*Niva*）』の写真特派員としてシベリアの予備旅団に出向いて撮影している。戦争写真は、『ニーヴァ』『レートピシ・ボイン・ヤポニヤ（日本との戦争記）』などの雑誌やロシア語新聞に掲載。なかには外国の

図２－６　ニコライ・リョーリヒ画の絵葉書「極東で」

出版物に掲載された写真もあったという（Svetov 二〇一五）。図２－５は、従軍中のブラが錦州《きんしゅう》（遼寧省）で撮ったロシア軍の様子であり、写真からは緊張感が漂っている。

絵葉書には、画家によるスケッチも使われていた。題材は、日露両軍の陸戦や海戦の模様、旅順やウラジオストクの軍港や艦隊、極東地図のほか、兵士の日常生活、英雄・将校・名士などの肖像画、赤十字の活動などであった。

当時もっとも有名な絵葉書（図２－６）は、日露戦争勃発直後にサンクトペテルブルクの画家ニコライ・リョーリヒが赤十字に寄付した一枚であったといわれる。リョーリヒは、ロシア象徴主義美術を代表するひとりで、その宗教的、神秘的風貌から、業界でも異彩を放っていた。この絵葉書には、古代叙事詩に登場するような甲冑《かっちゅう》を身に着けたロシア人の英雄が、日本の武士と対峙している図柄が描かれている。日本人武士の表情も凛々《りり》しく、これを見たロシア人たちは、自分たちが極東で戦っている相手は、未知ではあるが文化をもつ国であることを再認識したという。

また、画家ニコライ・サモキッシュの画冊『一九〇四年〜一九〇五年の戦争――画家の日記より』も、都市部で人気を博した。サモキッシュは、一九〇四年に雑誌『ニーヴァ』の戦争特派員として前線に赴き、過酷な生活と困難を活写した。彼の画集は当時たいへんな人気を呼んだだけでなく、今日まで再三復刻されている。

ルボークと異なり、ロシアで絵葉書やデッサンを描いたのはプロの画家、とくにロシア芸術家連合の関係者であった。サモキッシュのように、新聞社や雑誌の特派員として前線に派遣された者もいれば、ロシア赤十字社の分遣隊に同行した者もいた。パリへの留学経験があるエフゲニー・ランセレもそのひとりであり、満洲の風景画などを描いている。またレフ・コワルスキーは、南ロシアやウクライーナなどで活躍した戦士集団コザークの戦いを題材にしている。彼らはプロの画家であり、その表現はルボークに見られたように日本軍をあざわらうような描写とは一線を画していた。

絵葉書の発行所について調べてみると、サンクトペテルブルクではゴリキヤ・ヴィルボルグ社、ロシア赤十字社の聖エヴゲニヤ会、ウィエルマン印刷所、ミラー印刷所、モスクワではエフィモバ社、シェラー・ナブゴルツ写真館、オデーサではピコフスキー写真館、レーヴェリ（現タリン）ではミクウィッツ印刷所などがあげられる。とくにミラー印刷所が発売する絵葉書には、日本軍の姿が頻繁に描かれている（Sergeyevna 二〇一六）。

「戦争熱」から「革命熱」へ

一九〇五年半ばからロシア各地で第一革命が起こると、日露戦争をテーマとした絵葉書への関心と需要は激減する。多くの出版社は新規の生産をストップし、印刷済みの絵葉書を値下げして投げ売る。結局、ロシアの絵葉書は、日本海海戦や日本軍による樺太占領などの様子を描いたものはなく、日露戦争の終盤を伝えることはなかった。

つまり、ロシアでは日露戦争を描いた版画ブームは二年とつづかず、農村部も都市部でも「戦争熱」は「革命熱」に飲み込まれていったと見ることができる。一九〇五年九月五日に日露間でポーツマス講和条約が締結されると、日露戦争の絵葉書が流通することはほぼなくなる。ただ、民衆版画ルボークは、日露戦争とロシア革命を経て一九三〇年代まで作られていた。この点、日本の錦絵が日露戦争期を境に衰退したことと比べると、ルボークのほうが息は長かった。

一九〇〇年代の日露両国の民は、政府による広報ではなく、民間で流通した版画メディアを通じて戦争を実感していた。「戦勝」が謳《うた》われ、「戦争熱」を煽られた両国の人びとの間に、終結してもなお戦争の余波は強く押し寄せた。帝国日本では、ポーツマス講和条約で賠償金が認められず、戦費調達のために借り入れた外債分がそのまま借金として残り、国庫を逼迫させ、生活を圧迫することになったからである。「戦争には勝ったのに……」という思いが空回りし、不満を蓄積した人びとが日比谷焼き討ち事件を起こす。

一方、多大な犠牲を払いながらも勝利を認められなかったことへの不満から、ロシア帝国の農村部では騒乱事件、都市部では労働運動が頻発し、革命運動へと繋がっていく。

つづく第3章では、一九一〇年代を取りあげる。ドイツや米国では、硬軟のプロパガンダ工作が始まった時期であり、プロパガンダ史においてはひとつの画期をなした時代であった。第一次世界大戦のさなか、中国や西太平洋で起こった日独戦争を取りあげることにしよう。

第3章　第一次世界大戦期――日独戦争をめぐる報道選択（一九一〇年代）

口絵3の絵地図は、一九一四年九月に尚美堂《しょうびどう》から発行された『欧洲大戦乱画報』シリーズの一枚である。帝国日本は甲冑を身に着けた武士として戯画化され、それぞれの地域も歪曲されたイメージが詰め込まれている。ただ、イメージの形象やサイズの大小から、当時の日本がどの地域を「脅威」として捉えていたかをはかることはできる。第一次世界大戦期に帝国日本が対峙したのは、地図のなかでさしたる脅威として描かれておらず、各国の矢が突き立てられた猪《いのしし》＝ドイツであった。

ヨーロッパ世界にとって第一次世界大戦（一九一四〜一八年）とは、国民、資源、生産力のすべてを動員して戦う総力戦であった。しかし、遠く離れた帝国日本にとってこの戦争は、元老井上馨《いのうえかおる》がいうごとく「天祐《てんのたすけ》」と捉えられた。日本はドイツとの短期決戦によって青島《チンタオ》

（山東省）を占領。大陸侵攻の足がかりとしたのである（細谷 二〇一五）。

当時、戦況写真を掲載した新聞、グラフ誌、写真帖、絵葉書などさまざまな印刷メディアが流行したほか、常設の映画館で上映される映画が普及していく。プロパガンダや報道に用いられるビジュアル・メディアがほぼ勢ぞろいした時期であった。

1　青島の戦いをめぐる報道

戦争の発端

一九一四年一二月一八日、東京駅の開業式は、大戦さなかにおこなわれた群衆イベントであった。当日、日独戦争（一九一四年八月〜一一月）を指揮した陸軍中将神尾光臣《かみおみつおみ》らの凱旋帰還式も開催され、東京駅を舞台にふたつのイベントが開かれたのである。日清・日露両戦争に出征した神尾は、第一八師団長としてドイツの膠州《こうしゅう》湾租借地への攻略戦で陣頭指揮をとり、二ヵ月で青島を陥落させていた。

帝国日本が第一次世界大戦に参戦したのは一九一四年八月二三日のこと。ときの総理大臣大隈重信《おおくましげのぶ》は、ドイツとの国交断絶と同国への宣戦を布告。帝国日本の参戦は、日清戦争後の

「三国干渉」に対する怨念《おんねん》を伏線としつつ、直接的には八月四日に、日英同盟を結んでいたイギリスがドイツに宣戦布告したことを受けた対応であった（参謀本部 二〇〇一）。

ただ、こうした外交上の理由のほか、国内では経済成長が低迷しており、満洲や華北、朝鮮半島の経済利権にあやかるためには、当該地からドイツの影響力を排除する必要があると判断されたことも大きな要因であった。この点は、親英主義者の加藤高明《かとうたかあき》外相も、参戦の日に言及している（我部 一九八二）。

実際、日清戦争後からつづく日本の経済成長は一九一〇年には頭打ちになっており、第一次世界大戦が始まるまでの五年間は「成長神話」に暗雲が垂れ込めていた。加えて第2章で触れたように、日露戦争の莫大な戦費を賄《まかな》うために発行した外債の返済金が国家財政を圧迫。重税問題の解決こそ喫緊の課題であると認識された。それゆえ、帝国日本の参戦には、停滞する経済からの脱却をはかる政府の狙いが内包されていたわけである。

ところが、青島の戦いはわずか二ヵ月であったにもかかわらず、（統計上違いはあるが）戦費は八億八二五〇万円にのぼったという。これは、日清戦争（一五ヵ月）や台湾鎮定（二二ヵ月）の約四倍、二〇ヵ月に及んだ日露戦争の約二分の一の戦費に相当している（齋藤 二〇〇一）。対外戦争は、国民の凝集力を高める契機になったのとは裏腹に、国家財政を圧迫する深刻な出来事として将来に禍根を残していくことになる。

日独報道合戦

国民は、イギリスとともに戦った日独戦争をどのように見ていたのだろうか。じつは、経済の回復や領土の拡張は、政府のみならず国民の側も心から期待していたことであった。新聞社は、世論に沿うかたちで競って報道合戦を展開し、出版界もこれに呼応。戦争を煽ったほうが、新聞も出版物もよく売れたからである。こうして報道界はビジネス化し、戦意高揚をはかるプロパガンダのシステムが形成されていく。その引き金としての役割を果たしたのが、ほかならぬ新聞や雑誌に掲載された戦況写真であった。

当時の『東京朝日』を見ると、帝国日本の対ドイツ宣戦布告の翌日である一九一四年八月二四日から、青島の戦いが終わった直後の一一月二〇日まで、ほぼ毎日戦況写真が掲載されている。読者は新聞の写真をとおして戦況を追い、新聞が煽る「戦争熱」に追随した。

とくにドイツの敗北が明らかになりつつあった一一月からの報道はすさまじい。たとえば、青島攻囲軍の従軍写真班として派遣された『大阪朝日』の高浦紫眸《たかうらしぼう》の例を見てみよう（一一月四日付）。高浦特派員は戦地に到着した二日後に、「青島陥落」などの写真を撮影。「号外」の一面には特大写真二点、二面と四面では全面を使ってそれぞれ八点の写真を掲載。従来のように写真をイラストがわりに小さく掲載するのではなく、紙面を写真で覆いつくして戦争の迫力を伝えるスタイルがここに確立し、その後も継承されていく。

『読売』は、『朝日』との差異化をはかるために、戦争への関心を女性にも広げようとした。一九一四年四月三日から一九年九月一〇日までの日曜版に掲載された「よみうり婦人附録」には、戦時における女性の心構えや、将兵の家族写真などが掲載されている。戦争のための総動員体制を促すプロパガンダ報道としての特徴がここにも見られる。

戦況写真を大々的に扱った各紙への反響は、きわめて大きかった。各種業界も、新聞紙面を使った宣伝効果に期待する。たとえば、一一月九日付の『東京朝日』には、各社が「祝青島陥落」の広告を出している。銀行、保険、印刷・出版社、日用品、製薬会社、衣料店、飲食製造業、レストランなど、多彩な顔ぶれが載っている。

敵国であるドイツも、米国など中立国の記者を巻き込み、青島要塞の籠城《ろうじょう》記録を発信し、ナショナリズムを喚起した（高橋 二〇〇三）。後述するように、新聞や雑誌に掲載された風刺画、絵葉書には、帝国日本への悪意に基づいたイメージが盛り込まれている。

出版業界への波及

日本の出版業界も、戦争企画を進めた。なかでも、東京市日本橋区本町にあった大手出版社の博文館と神田にあった冨山房が発売したグラフ誌の部数競合が熾烈《しれつ》を極めた。

博文館は、日独戦争開戦の一九一四年八月に『欧洲戦争実記』を創刊。横一八センチ×縦二六センチの版面に、写真一、二点だけを割り付けるデザインは斬新であった。その増刊号『世界大戦写真画報』はビジュアルによる宣伝効果を意図したかのような特集号である。第二号や第三号（一九一四年一二月、一五年一月）は青島陥落記念号であり、三色版、二色版、白黒で印刷された戦況写真が誌面を埋めている。

一方の冨山房も、『大戦写真画報』の創刊に踏みきる。菊二倍版（横九三・九センチ×縦一二七センチ）という巨大な版面に、二〇〇点あまりの三色版、光沢写真、大阪白黒写真を掲載。とくに一一月号、一二月号は、青島攻略写真の特集号として発売され、「大戦の実況手に取るが如《ごと》し」との評価を得た。

こうした民間の報道合戦から遅れて、ようやく一九一六年に参謀本部は東京偕行社《かいこうしゃ》から『大正三年日独戦史写真帖』を出版している。この写真帖には、交戦写真はなく、戦闘地跡の静かな風景などを撮った記録写真が掲載されている。写真はインパクトに乏しく、「戦争熱」を喚起するにほど遠いものであった。

戦況写真は読者に鮮烈な印象を与えるにせよ、写真の運搬が困難であることから速報性に欠ける点に問題があった。そのためか、海外の新聞や雑誌には、風刺画が多く用いられている。たとえば図3-1は、ハイデルベルク大学図書館所蔵の漫画雑誌『おかしな一葉（*Lustige*

Blätter)』の第三五号（一九一四）に掲載された一点である。旭日旗を抱えた悪魔のような日本兵がドイツの膠州湾租借地（山東省）に手を伸ばす姿が描かれている。

交戦相手国であったドイツ以外の国でも、日本人に対するイメージは良いものではなかった。図3-2は、週刊グラフ誌『ニュージーランドの観察者（*The New Zealand Observer*）』一九一四年八月二九日号の表紙イラスト。明治天皇を思わせる日本人が、「ドイツへの最後通告」と刻まれた刀を伸ばして、「欧州大戦」と書かれたパイの中から、ドイツの租借地である「膠州（Kiaochou）」という果実を取り出そうとしている。ヨーロッパ戦線が拡大する背後で、

図3-1　ドイツの漫画雑誌掲載の日本風刺画

THE NEW ZEALAND OBSERVER

AN ILLUSTRATED JOURNAL OF INTERESTING AND AMUSING LITERATURE.

Smart, but not vulgar; fearless, but not offensive; independent, but not neutral; unsectarian, but not irreligious.

ESTABLISHED 1880.

VOL. XXXIV.—No 51.]	SATURDAY, AUGUST 29, 1914.	[THREEPENCE

A FINGER IN THE PIE.

The Jap: Now for a Japanese plum!

図３－２　ニュージーランド雑誌掲載の日本風刺画　1914年

極東でひそかに成果を得ようとする帝国日本への皮肉が込められている。

戦争画・戦争映画の人気

第一次世界大戦の勃発によって、低迷していた版画の販売が少し活気づいた。一九一四年八月一三日ころから、絵草紙屋の店頭を賑わせたのも多色石版印刷の戦争画であった。とくに尚美堂が発行した『欧洲大戦乱画報』が人気を集めた。シリーズの最後の一枚は、一一月七日の青島陥落の様子、「青島之独軍軍使を発して日本軍に降伏す」る状況を描いたものである。

当初、『欧洲大戦乱画報』は、広島や北海道など地方で人気が出たが、帝国日本の参戦をきっかけに都市部でも火がつき、やがては販路を海外に広げていく。なかでもシャム（タイ）と朝鮮ではとくに注文が多かった（『東京朝日』一九一四年九月一二日）。ただ、石版画工が描いた絵図の多くは、かつての錦絵と同じように空想の産物であった。戦況情報の信憑性は、すでに写真に移っていた。

絵葉書市場は、変わらず活況を呈していた。青島の戦いのさなかの絵葉書は少ないものの、一八九八年にドイツが膠州湾の租借を始めて以来、異国情緒たっぷりの青島の風景はドイツでも人気があった。ドイツ歴史博物館が所蔵する図3－3の絵葉書には、一九一四年に膠州

図3-3　ドイツの彩色絵葉書　1914年頃

湾租借地を攻撃した日本・イギリス両軍がドイツ軍によって撃退されたスケッチ画が使われている。自国軍の優位を描くこの戦争画はよく使われたようで、ドイツ植民地婦人協会の機関誌『植民地と母国（*Kolonie und Heimat*）』の一九一四年一一月号の表紙にも掲載されている。しかし、現実には、こうした「戦勝」風景はごくまれにしかなかったのである。

一方、帝国日本が膠州湾を接収してからも、しばしば青島の町並みを撮った写真は景勝絵葉書として販売されている。図3-4の絵葉書はそのうちの一枚で、一九一六年青島忠魂碑内に、陸海軍将兵一〇〇〇名あまりの戦死者を納骨する光景を写したものである。日本本土からもっとも近いエキゾチックな「外国」とは、ドイツが整備した町並みの風景であった。

図３－４　日独戦後に発行された絵葉書

新聞での報道合戦の影響は、舞台劇にも及んだ。東京毎夕新聞社の主催、ホーカー液（化粧水）販売の堀越《ほりこし》嘉《か》太郎《たろう》商店の後援によって、一九一四年一一月三〇日と一二月一日に歌舞伎座で「青島陥落祝賀観劇会」が開催されている。五代目中村歌《なかむらうた》右衛門《えもん》、一一代目片岡仁左衛門《かたおかにざえもん》、一五代目市村羽《いちむらう》左衛門《ざえもん》など歌舞伎界の至宝と謳われた面々が出演したほか、彼らの息子たちも「青島陥落」の余興、袴踊《はかまおどり》を披露したという（『東京朝日』一九一四年一一月二九日）。

さらに一九一四年以降、青島の戦いの映画上映が群衆イベントとして開催されている。それまで巡回上映されていた映画が、一九一〇年代になると映画館という娯楽施設で楽しむ文化習慣として定着したからである。新聞の戦況写真に比べるとその影響力はまだ限定的であったものの、日活株式会社（日活）と天然色活動写真株式会社（天活）系列の映画館が上映会を実施。とくに、日活の青島特派員が撮った『青島攻囲軍戦況』の記録フィルムは、東京に着いた翌日に、早くも浅草の遊楽館《ゆうらくかん》などの映画館で同時上映されている。どの上映館でも、初日から満員の盛況であった。さらに一一月二三日からは、東京市内の千代田館などの映画館でも上映され、「頗《すこぶ》る喝采を博し居れり」との好評を得ている（『読売』一九一四年一一月一五日、『東京朝日』一一月二三日）。

その他、連合国のフランスやイギリスから輸入された戦争フィルムも、映画館で上映されている。なかには大使館で上映会をおこなってから日活および天活に渡されたフィルムもあり、外交機関の「事前検閲」を経た映画が上映された可能性も指摘されている（シュミット二〇一四）。輸入された対ドイツ戦の映画も人気を博したのである。

2　南洋群島の日独戦争

西太平洋への帝国日本の進出

青島の戦いは、新聞、雑誌、活動写真を通じて国民の関心を引き寄せた。これに対して、一九一四年一〇月二二日に起こった西太平洋のドイツ保護領での戦いは、その後もあまり話題にされていない。バイロイト大学のハーマン・ヒーリー教授は、第一次世界大戦期にこの地域で起こったイギリス・日本連合対ドイツの戦争は、歴史家から「無視された戦争」であったと指摘している（Hiery 一九九五）。

一九一四年八月二三日の対ドイツ宣戦布告後に始まった青島の戦いでは、ドイツ側は終始劣勢に立たされた。ドイツ軍約四八〇〇人に対して、日本軍はその一〇倍以上の約六万五〇〇〇人の兵士が参戦したように、日本は戦力で圧倒していたからである。ドイツ兵士の厭戦《えんせん》感情は日に日に高まり、戦線離脱が相次いだ。膠州湾租借地を拠点としていたドイツの商船は、中立国であった米国庇護《ひご》下のフィリピン群島やオランダ領東インド諸島（ジャワ、セレベス、ボルネオなど）、北米の太平洋岸、アフリカ東岸や南米にまで避難。ドイツ海軍東洋艦隊の主力戦艦シャルンホルストさえ、遁走《とんそう》したという（『東京朝日』一九一四年九月一一日、『読売』九月一八日）。

連合国側についたオーストラリア、ニュージーランド海軍は、イギリス海軍の指揮のもと、ドイツの太平洋保護領のニューギニアとサモアに侵攻し、またたく間に両島を占拠。さらにオーストラリア軍は、一一月にリン鉱石の輸出で有名なナウル島を占領する。ドイツ領ニューギニアでは図3－5のように、ドイツ海軍が島民を兵力として組織し、戦争に動員して抗

図3－5　ドイツ領ニューギニアで演習する原住民新兵

戦するも、戦況は好転しなかった。

日本海軍は一九一四年九月末に、ドイツ海軍の東洋艦隊を追撃するために、戦艦「薩摩《さつま》」ほか、巡洋戦艦、装甲巡洋艦、軽巡洋艦、練習巡洋艦などを赤道以北のマリアナ諸島、カロリン諸島、マーシャル諸島などを包括する南洋群島に派遣。そこでは大きな抵抗に遭うこともなく、一〇月一四日にドイツ海軍の作戦要地を次々に占領した。

ところで、日本海軍が掲げたドイツ海軍討伐の真の理由は何であったか。じつは当時、日本政府は、南洋群島に埋蔵されていた石炭、リン鉱石などの地下資源に強い関心を抱いていたのである。そのことは、戦争が終結した一九一四年末から一五年初秋にかけて、日本軍がこの島々の地下資源の埋蔵量を精力的に調査していたことからもわかる。日本海軍の西太平洋侵攻の真の狙いは、ドイツ保護領の天然資源にあった。

では、どうしてこれほど簡単にドイツ海軍は敗北したのか。ドイツは、ニューギニアのラバウルに総督を派遣し、ヤップ、ポナペ、ヤルート各政庁ではドイツ人の知事が統治の座についていた。ただし、南洋群島の植民地を防衛するための安全保障については軽視していたようである。保護領の実質的管理はヤルート会社、ドイツ南洋燐《りん》鉱石会社、太平洋燐鉱会社、ニューギニア商会などの民間企業の手に委ねられていた。安全保障よりも、経済的利益が優先された結果、統治の脆弱《ぜいじゃく》性を露呈したまま戦争に突入したのだ（Hiery 一九九五）。

戦後、帝国日本がドイツに代わって、南洋群島の統治に携わるようになると、西太平洋への日本人の関心も高まっていく。日系移民が増え、日系企業も進出する。現地での日本人たちの風俗を描くビジュアル週刊誌『南洋パック』なども発売された。そして一九一九年六月に締結されたヴェルサイユ条約により、日本本土から遠く離れた南洋群島一帯を帝国日本の委任統治領とすることが国際的に承認されることになる。

ただ、のちの第二次世界大戦期、帝国日本の圏域を守るために南洋群島に派兵された日本軍兵士が飢えと疫病で苦しんだ状況を考えると、南洋群島の委任統治を決定した国際的な申し合わせが望ましい未来に繋がったとはいいがたい。歴史がそれを証言している。

ドイツ人捕虜の視覚化

戦後、青島など山東省や南洋群島で拘束されたドイツ人捕虜の多くが、日本各地の収容所に送還された。これらは、日露戦争後のロシア人捕虜の収容所が先行モデルとなっている。ドイツ人捕虜の収容所は、一九一四年一〇月に設置された福岡県久留米《くるめ》市を皮切りに、千葉県習志野《ならしの》市、名古屋市、兵庫県加西《かさい》市（青野原《あおのがはら》）、広島市の似島《にのしま》、徳島県鳴門《なると》市（板東《ばんどう》）など、全国一六ヵ所にあった。

日独戦争が終結した後も、ドイツ人捕虜たちは収容所に送還された。膠州湾租借地のワルデック総督らドイツ人将校が福岡の収容所から習志野の収容所に移送されたことを、新聞は写真入りで報じている（『東京朝日』一九一五年六月二三日、七月四日、一九一八年三月二六日）。各収容所はその後に合併統合され、ヴェルサイユ条約発効から三ヵ月の一九二〇年四月には、すべてが閉鎖された。

こうしたドイツ人捕虜の存在は、官民のメディアにとっては「戦争熱」を高めるための恰好の題材となった。当時のプロパガンダ・メディアの集大成といえるのが、一九一八年に俘《ふ》虜《りょ》情報局が発行した『大正三四年戦役俘虜写真帖』である。この写真帖には、のちにベートーヴェンの交響曲第九番が日本で初めて演奏された場所として有名になる板東俘虜収容所

図3-6　板東俘虜収容所のドイツ人捕虜　徳島県鳴門市

(鳴門市)の写真が収録されている(図3-6)。

ただ、この写真帖は、帝国日本が連合国の一員として、一八九九年に締結したハーグ陸戦条約の捕虜条項を順守し、人道的に捕虜を処遇していることを対外的にアピールする意図も内包していた。国際社会向けのプロパガンダの題材として、ドイツ人捕虜が視覚化されたといってよい代物であった。

プロパガンダ史の画期点

第一次世界大戦期は、プロパガンダの歴史を考えるうえで重要な節目であった。ドイツでは大衆動員的なプロパガンダ工作が展開されるとともに、ウィルソン大統領下の米国では、中立宣言を覆し世論を参戦に導くために、新たに心理的な誘導術が開発されたからである。米国政府は、そのプロパガンダのための初の国家機関として広報委員会（CPI）を設置し、新聞記者の経験があるジョージ・クリールを共同委員長に就任させた。

この新しいプロパガンダ工作は、新聞、ラジオ、映画、ポスター、ビラ、美術品、イラスト、漫画など新旧のあらゆるメディアを利用して、人びとに戦争への興味とともに、無意識のうちに恐怖や不安を植えつけ、アメリカニズムに沿った正義感を芽生えさせる心理術であった。委員会は、ドイツが休戦協定に調印した一九一八年一一月に解散するが、海外で展開していたプロパガンダ工作の手法は、それぞれの地で模倣された（モック 一九四三）。

ただ振り返ってみれば、日常空間のなかに戦争イメージを浸透させ、無意識に敵、味方相反する感情を醸し出すプロパガンダ術は、一九〇〇年代から始まっていたといえるのかもしれない。日露戦争期には、すでに米国のみならず、フランス、ドイツでも、チョコレート、タバコ、ココア、粉洗剤などの日用品のおまけとして、戦争を図案にした教育カードやトレード・カードが同封されていた。こうしたカード収集熱は、欧米で急速に広まり、見知らぬ地の戦争を身近に感じる効果を醸し出したといわれる。日本の絵葉書ブームより、少し前の出来事であった。

ともあれ、一九一〇年代末に登場した米国のプロパガンダ戦略と技術は、一九二〇年代以降、イギリス、ドイツ、ソ連でも実践され、次第に世界各国に広がっていき、やがて第二次世界大戦で「開花」することになる。

むろん帝国日本も、その例外ではなかった。一九二〇年代には、外務省情報部が中心となって第一次世界大戦期に米国やカナダなどで用いられたプロパガンダ・ポスターの収集を始めている。コレクションの一部は現在、東京大学に所蔵されている（東京大学大学院情報学環吉見俊哉研究室編 二〇〇六）。

つづく第４章では、一九二〇年代、中国と米国で起こった反日運動が、政府と報道界の関係にどのような変化をもたらしたのか、戦況写真や空前の映画ブームがどのような役割を果たしたのかを見ていきたい。帝国日本にとって、諸外国で反日運動が始まり、関東大震災、金融インフレ、増大する倒産失業者の問題に見舞われるなど、まさに受難がつづく時代であった。大正末期、昭和初期とは、新たな戦争の足音が聞こえる時代であった。

第4章　中国、米国の反日運動――報道と政治の関係（一九二〇年代）

本章では、一九二〇年代に起こったふたつの反日の動きに焦点をあてる。ひとつは一九二八年、済南《さいなん》事件（山東省）の直後に起こった反日運動である。済南事件とは、その年の五月に中華民国北京政府を討伐（北伐《ほくばつ》）するために北上した馮玉祥《ふうぎょくしょう》率いる国民革命軍（南軍）と、日本人居留民の保護という名目で派兵された日本軍（第二次山東出兵）との間に起こった武力衝突である。そして、いまひとつの事件は、その四年前、「一九二四年移民法」（一般に排日移民法として知られる）の制定に向けた米国における反日の動きであり、またこれを機に日本で起こった反米運動である。

これらの事件は、さほど時期をたがえず、太平洋の東西で起こった。中国と米国での反日運動をかたどったビジュアル・メディア（ポスターや新聞イラスト、映画など）はこれらの事件のみならず、その後に起こった日中、日米間の戦争にいかなる影響を及ぼしたのか。

この時期、反日運動への対応を迫られた日本政府は、よりいっそう報道界との距離を縮めていくことになる。

1 済南事件と日貨排斥をめぐる日中の報道

国民革命軍と日本軍の衝突

二〇世紀最初の反日運動は、一九〇八年にさかのぼる。神戸の第二辰丸《たつまる》が清の領域内で密貿易をおこない、清の官憲に拿捕《だほ》されたことが発覚して、広州《こうしゅう》や香港《ホンコン》で反日デモが起きたのである。反日運動はこれにとどまらず、その後一〇年あまりの間に、少なくとも五回は繰り返された（日華実業協会 一九二九）。

ところが、一九二八年の済南事件を契機に起こった日貨排斥、不平等条約撤廃を訴える反日運動は、それまでとは異質なものであった。中国人の商工業者たちが経済的損失に対する反発から日貨排斥を唱えたこれまでとは違って、済南事件はのちに政権を掌握することになる中国国民党が運動を組織化した官製の反日運動であったという側面を否定できないからである。

当時、国民革命軍は北伐のさなかにあったが、田中義一《たなかぎいち》内閣は、こうした動きに対して、日本人居留民を保護するという名目を掲げて、一九二七年五月から一年の間に三度にわたり山東省への派兵を断行。一九二七年末当時、山東省の日本人居留民（朝鮮人、台湾人を含む）は、青島に一万三六三九人、済南に二一六〇人、芝罘《チーフー》に三四五人、その他に一一三三人、合計一万七〇〇〇人あまりいたと記録されている（外務省亜細亜局 一九二七）。

一九二八年の済南事件勃発後、五月九日に派遣された名古屋の第三師団は、早くも一一日に済南城を占領（第三次山東出兵）。青島が帝国日本の租借地であったのとは違って、済南は帝国日本の主権の及ばない場所であったにもかかわらず、日本人居留民を保護するという名目によって派兵がなされたわけである。こうした軍事行動は、当時の国際公法に照らしても違法であったことは否定できない。ただ後述するように、反日運動の原因は、済南への派兵に対する反発にとどまるものではなかった。

戦況写真の空輸

済南事件のニュースは、またたく間に日中両国を駆け巡り、双方の戦闘行為に対する批判合戦が始まった。日本の新聞社も競って特派員を現地に派遣。なかでも朝日は、特派員が撮った写真を飛行機で輸送し、速報性の面で他社に先行した。東京日日も、現地写真の撮影に尽力しており、空輸によってもたらされた戦況写真をまとめ、大阪毎日と共同で一九二八年五月二〇日に大阪画報『済南事変画報』を発行している。

大阪朝日は、四月一九日に日本政府が第二次山東出兵を決議すると、すぐさま本社から社会部記者宮崎《みやざき》志朗《しろう》と写真技師宮内霊勝《よしかつ》の二名を済南に派遣。両特派員は四月二六日、事件勃発直前に軍に合流する。五月三日以降の現地の状況については、宮崎特派員による記事が六日に打電された。「血と涙を以《もっ》てつづられた残虐なる済南事件遭難実記」といった扇情的なタイトルが付けられ、翌七日の号外に最初の事件記事として掲載されている（『大阪朝日』一九二八年五月七日号外）。

また、緊迫する現地情勢のなか、宮内特派員が搭乗して空撮した写真は、鉄道、船舶、飛行機、自動車をバトンリレーして大阪朝日本社に搬送され、わずか三日で紙面に掲載された。それまで戦況写真の搬送が汽車や船舶で運ばれていたときと比べると、写真の空輸は報道の速報性に大きく寄与することを証明した。

東京日日も、五月一〇日付の号外に「擾乱《じょうらん》の済南より」と題して、柱に縛られた中国の国民革命軍捕虜の写真など七点を大判で掲載した。これらの写真も、毎日の社機によって門司《もじ》から大阪を経由して東京まで空輸されたものであった。

以降、海外からの戦況写真の空輸は常套《じょうとう》手段となっていく。済南事件の被害実態は深刻だったものの、メディア史から見れば、画期的な意味を持つ事件であったといえる。

戦況写真のリアリティ

済南事件を報じた『大阪朝日』『東京朝日』『東京日日』の紙面を見てみよう。いずれも、日本人居留民の多大なる被害と国民党軍の残虐さが伝えられ、市中の混乱ぶりが記載されている。ところが、記事に添えられた事件写真にはむしろ、市中は秩序立ち、落ち着いている様子さえ写されている。記事（文字）と写真に温度差があるのは、なぜだろうか。

新聞記事のニュース源は、済南の駐在武官から提供された情報によっていた。先述した宮崎特派員の記事のように、内容が扇情的なものであればあるほど、読者の関心を引き、販売部数が伸びた。対して、海外の戦況写真の中身に関しては、検閲は緩めだったようである。そのためか、写真のなかには、いかにも検閲機関（自社検閲を含めて）が見過ごしたような中国人捕虜の無残な姿や、帝国日本の租借地ではない済南市内を闊歩《かっぽ》する日本兵が写りこんだものが紛れ込むこともあった。

ただ、現地邦字紙のカメラマンが撮った戦況写真のほうが、日本本土の特派員が撮った空撮写真の類と比べると、リアリティがあったといえる。たとえば、青島初の邦字新聞『青島

図4－1　青島新報社発行の絵葉書

新報』（一九一五年一月創刊）には、前線の日本軍に分け入り、彼らと同じ目線で撮られた写真が多く掲載されている。『青島新報』の写真は地元でも反響が大きく、「山東省動乱絵葉書」としても発行された。図4－1はその一枚である。この絵葉書に用いられた写真は、北伐軍の武装解除直後の様子であり、横断幕に中国国民党が掲げる三民主義のスローガンが見てとれるほど至近距離で撮られていた。

また、満洲日日にいた神野《かんの》良隆《よしたか》は、青島新報社が撮った写真を『山東省動乱記念写真帖』（一九二八）にまとめ、日本でも発売した。済南事件が新聞だけではなく、写真帖や絵葉書として広く流通したことにより、当時の日本人の間にも集合的な記憶として定着することになる。

映画ブームの到来

日本国内で済南事件が評判になったきっかけはほかにもある。一九二〇年代の日本には空前の映画ブームが到来しており、済南事件はそのブームにも乗っていた。

済南事件を撮影した映画は、いくつか確認できる。林商会活動写真部製作のドキュメンタリー映画『支那動乱映画　戦禍の済南』（七分・一六ミリ・無声・白黒）は、陸軍省の後援を得て、パラマウント社との提携で撮影された。製作指揮はパラマウント社のニュース映画班東洋派遣員ヘンリー小谷《こたに》、撮影は読売本社特派員が担当した。ヘンリー小谷は、一九二〇年松竹キネマの創立時にハリウッドから招かれ、松竹蒲田《かまた》撮影所の撮影技師長として、日本映画の撮影技術の近代化に貢献した人物である。

『支那動乱映画　戦禍の済南』の封切は、五月二二日の夜、日比谷公園の野外音楽堂が会場であった。この映画を見た者は約二万人にも達したという。この事実は、事件への尋常ならざる関心を物語っている（『読売』一九二八年五月一四、二〇、二三日）。

そのほか、亜細亜映画社製作・鈴木喜代治《すずききよじ》撮影の『済南事件』、プロパガンダ色の強い日活製作・三枝源次郎《さえぐさげんじろう》監督の『意気衝天《しょうてん》』、マキノプロダクション製作・吉野二郎《よしのじろう》監督の『噫《ああ》山東』、帝国キネマ演芸製作の『芹澤《せりざわ》一等卒（または芹澤一家）』、関東社製作の『進軍喇叭《らっぱ》』などがあり、済南事件関係の映画が次々に作られ、観客争奪戦の様相を呈した（『読売』一九二八年六月二日など）。

一九二〇年代、映画製作会社は事業存続のため、文化娯楽と報道を結びつける映画作りに邁進していく。日本にとって好都合な事象を再現して浸透させる役割を果たすメディアとして、映画は戦争に積極的に関与していたことが見てとれる。こうした映画界の姿勢は、日中戦争時期の軍事映画として「開花」する（第6章）。

上海での反日運動の組織化

済南事件は、その後の中国に、どのような影響をもたらしたのだろうか。蔣介石《しょうかいせき》は、済南城陥落の翌月の一九二八年六月一五日に北伐を完了し、国民政府による「全国統一」を宣言する。反日運動はこの動きに連動するかのように、中華民国の政権交代直後に活発になっていく。政権基盤が安定していなかった南京国民政府は、反日運動を組織し、政権への凝集力を高めようとしたことは明らかであった。

反日の動きは、一九二八年五月の上海にさかのぼる。済南事件勃発直後の五月七日に中国国民党の最高意思議決機関であった中央執行委員会が上海市党部に対し、上海各界反抗日軍暴行委員会の発足を指示していたのである。

加えて、上海各界の反日運動が先鋭化したのは、五月九日の「国恥《こくち》記念日（もとは国辱《こくじょく》記念日）」と重なるという重要な局面にあったからにほかならない。五月九日といえば、一九一五年当時の中華民国北京政府の袁世凱《えんせいがい》政権が日本から「対華二一ヵ条要求」の調印を強いられた日である。山東省のドイツ権益は日本が継承し、旅順、大連、満鉄沿線の租借期間を九九年に延期することを求める内容であった。こうした日本側の要求は、中国人にとって、まさに国辱的な出来事として受けとめられ、五月九日は中華民国最初の国恥記念日として記憶されたのである。それ以降毎年この日は、中国全土で激しい対日抗議活動がおこなわれていた。済南事件は、まさにこの国恥記念日をはさんでいた。のち、済南事件が起こった五月三日、満洲事変が起こった九月一八日も、国恥記念日として記憶されていくことになる。

さて、七月二一日の上海では、各界反抗日軍暴行委員会の主催のもと全国反日大会が開催され、一五の省から参集した各種反日団体の代表一〇〇余人が集まった。こうした動きは全国にも波及し、各地に同様な団体が組織される。八月一八日になると、上海の各界反抗日軍暴行委員会は上海特別市反日会（反日会）に改称。運動はさらに広がりをみせ、翌年中国全土には三五〇もの反日団体が成立したという（『中外商業新報』一九二九年一月二五日）。

反日会の宣伝手段としては、印刷物、ポスター、掲示板、口頭宣伝、デモなどがあげられる。識字率が低かった当時、とくに絵入りのプロパガンダ・ポスターは有効であると考えられた。短い檄文《げきぶん》、直感的に理解されるビジュアルが民衆に受けたのである。

当時、上海で掲示されたプロパガンダ・ポスターを撮影した写真が、大連の満洲日報社主催の時局ポスター展覧会で展示された。ポスターの量と製作者の数には目を見張るものがある。展覧会を図録としてまとめた秋山豊三郎《あきやまとよさぶろう》編『時局及排日ポスター写真帖』(満洲日報社一九三二)は、当時の反日プロパガンダを物語る貴重な資料である。

そのうちの一枚が図4-2である。一九二七年四月に中国国民党傘下に成立した上海工会組織統一委員会(一種の労働組合)が発行した『図画特刊』第三期(発行年不明)に掲載されたイラストである。背中に日本帝国主義と描かれた浴衣を着た日本人らしき人物が、国際公法と書かれた書籍を破り、国民党旗を槍で突きさしている。背後に二人の人物が描かれており、ひとりは北京政府の首班張作霖《ちょうさくりん》と見られる。

こうしたプロパガンダ・メディアの多くは、日本軍と日本に加担する中国人勢力を糾弾し、日本製商品のボイコットを訴えかけていた。同時に盛り込まれていたのは、中国国民党への支持を促すメッセージであった。

一方、こうした反日運動に対して、中国の日系企業や団体は、どのように対応していたのだろうか。一九二八年六月に上海で、金曜会という日系の連合団体が組織されていた。日貨

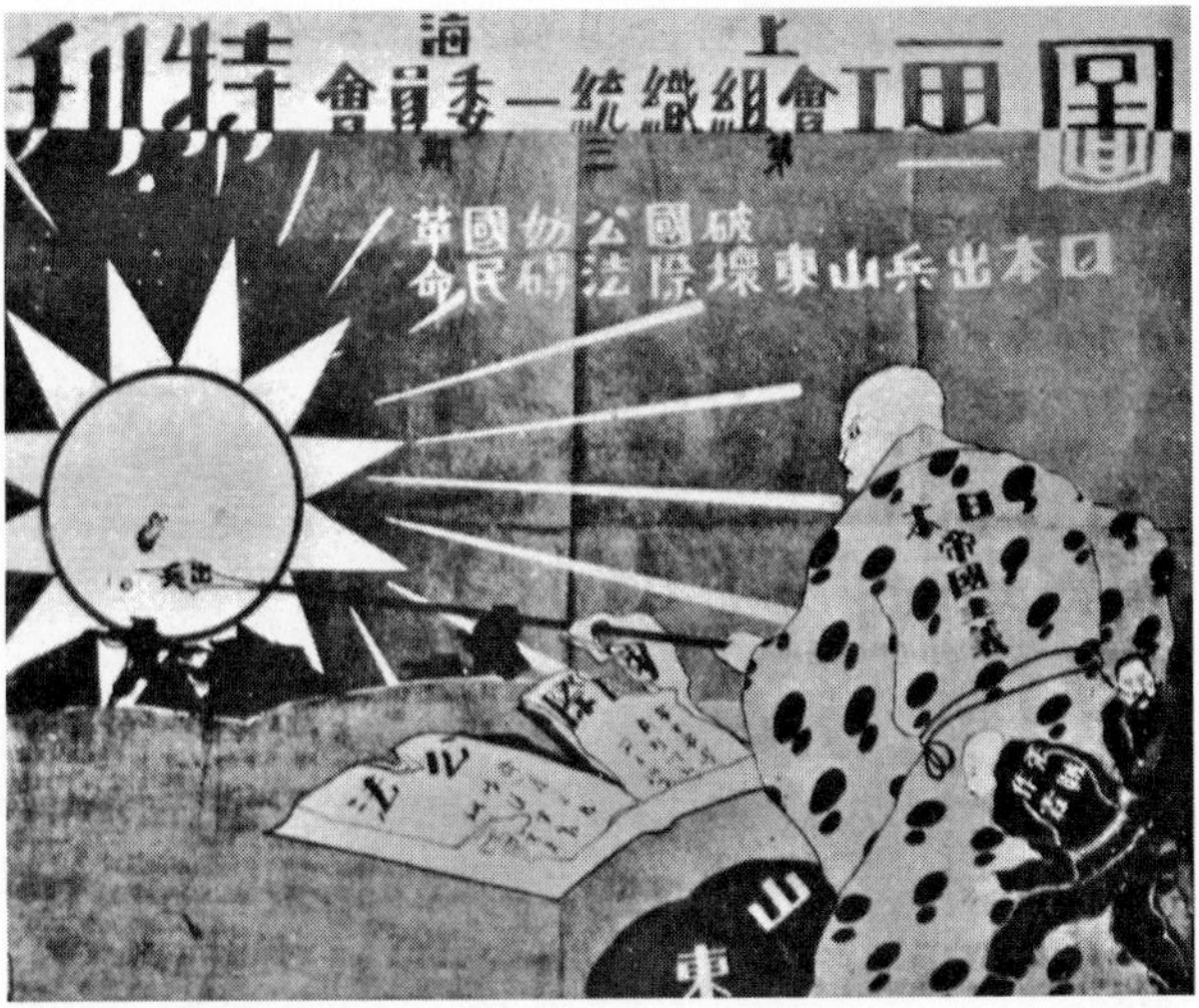

図4-2　反日宣伝ビラ

排斥の動向や対策の考究を進め、『金曜会パンフレット』という定期報告を刊行している。金曜会に参加したのは、三菱商事、三井物産、日本商工会議所のほか、上海の日系の紡績関係の同業会、食品や工業製品、医薬品の同業組合などの代表であった。とはいえ金曜会は、反日運動に対するアンチ・プロパガンダを講じることはなく、集めた情報はおもに日本国内向けに発信された（金丸 二〇〇五）。彼らが伝えた情報は、日本本土の経済界に衝撃を与えたものの、一方では反日運動を冷静に捉える材料にもなった。

済南事件後につづいた中国の反日運動は、一九二九年三月二八日の日中間交渉によっていちおう決着したかのように見えた。反日会などの団体も、国民政府の排日禁止令によって解体が促されたからである(『読売』一九二九年四月一一日)。

ところが実際には、上海反日会は「国民救国会」に、全国反日会は「全国国民排除不平等条約促進会」に改称し、活動目標を変えて、その活動を存続させていたのである。とくに後者の新たな目標は、六月八日の第一回執行委員会の決議に表れている。すなわち、「東三省において積極的に日貨排斥をおこない国産品を代用せしむ」「日本の満蒙侵略に関する資料を蒐集《しゅうしゅう》し、パンフレットを発刊す」「各地に宣伝隊を派遣し、日本の満蒙侵略の現状を宣伝せしむ」(東亜経済調査局 一九二九)。ここで注目すべきは、「満蒙問題」の解決というスローガンが新たに加えられたことである。このことが、次章で触れる満洲事変の布石となる。

2 排日移民法をめぐる日米の報道

米国の反日運動

一九二〇年代、中華民国における反日運動の拡大を見てきた。太平洋の向こう側ではどうだったのか。一九二四年五月一五日に米国で排日移民法が可決された(七月一日施行)。この法律の正式名称は「一九二四年移民法」、あるいは法令の提案者の名前を添えて「ジョンソン゠リード法」と呼ばれ、そもそも日本人だけを対象にするものではなかった。

米国に巻き起こった排日の気運は、一九〇六年サンフランシスコで起こった東洋人の学童隔離問題に始まる。これは、東洋人の子弟を白人の子弟から切り離して教育することが狙いであった。やがてこうした人種差別的な排日、排アジア的運動は全米に広がり、一九二四年、米国議会の上院・下院での排日移民法の可決に至る。

排日移民法は、人種別に移民割当率が決まるという代物であった。ただ割当が三〇年以上前の一八九〇年当時の在留人口の二%を基準としていたことから、その差別性は明らかである。法令の審議過程で、「帰化不能外国人の移民全面禁止」を定める条項が追加された。そのため、対象者が日系の人びとにしか当てはまらなかったことから、「排日移民法」という名称が通用するようになった。法案の審議は、米国が日本に対して威圧的であり、国益を優先するためならば武力の行使さえいとわない好戦的な国であるとの印象を海外に見せつけた。

とくにカリフォルニア州の新聞各社は、排日移民法の制定を積極的に支持。『ザ・サンフランシスコ・エグザミナー（*The San Francisco Examiner*）』は、その代表格である。一九二四年六月一日付の同紙の風刺画は、以下のようなものであった（『東京朝日』六月一九日付に転載）。風刺画には、帝国日本を表す小さなネズミが米国という巨大なゾウと戦う光景が描かれていた。ちっぽけな日本など恐るるに足らずと言ったカルビン・クーリッジ大統領と同様の皮肉っぽいメッセージを見てとれる。

排日移民法の制定を促した議員のなかには、日清戦争と日露戦争で帝国日本が勝利したことを、黄禍の到来として捉えるような人種差別的傾向を持つ者もいた（『東京朝日』一九二四年六月一一日付）。

ただ、米国の世論はこうした攻撃的な論調だけではなかったようである。カリフォルニア州とは違って、排日移民法に賛成一辺倒でなかった州もあった。たとえば、『ヘラルド・トリビューン（*Herald Tribune*）』『ニューヨーク・タイムズ（*The New York Times*）』『ニューヨーク・ワールド（*New York World*）』『ザ・サン（*The Sun*）』などのニューヨークの新聞は、排日移民法の制定に消極的あるいは否定的な社説や記事を掲載していた。

また、日米親善を願った一部のアメリカ人たちは、日本各地に「青い目の人形」を贈りつづけた。図4－3は、一九二七年に現在の愛知県豊田市鴻ノ巣町《こうのすちょう》で撮られた親善人形の写真である。反米運動が盛り上がった時期に、日米双方で民間交流をつづけた人びとがいたことを忘れてはならない。

駐米大使の埴原正直《はにはらまさなお》は、排日移民法が成立するようなことになれば、日米両国民が築き上げてきた友好関係が傷つけられ、両国民に幸福をもたらす全事業に障害が起こるだろうとの

図4－3　米国から贈られた青い目の人形　1927年頃

警告を発した。しかし、埴原大使の真意とは裏腹に、この発言が傲慢《ごうまん》と受けとられ、かえって米国の反日感情を煽ることになった（『東京朝日』一九二四年四月二二日）。

「排米熱」の高まり

一方、日本の新聞社も米国への反発を強めていく。四月二一日に、東京朝日、東京日日などの新聞社一五社が「排日案に対する共同宣言」を各紙面に掲載。その結果、米貨排斥の動きが沸き起こり、それが「排米熱」として新聞記事のネタになった。

結局、日米両国とも、排日移民法案への賛否両論が渦巻くなかで、七月一日には施行が決まる。当日、日本各地ではさまざまな団体がこれに抗議の声をあげる。芝大門の増上寺《ぞうじょうじ》や赤坂の山王台《さんのうだい》

図4－4　東京の米国大使館前での抗議デモ　1924年8月

では国民対米会主催の国民大会が開かれた。また、大日本文化協会、対米労働聯盟、対米経済協会などがデモ行進をおこない、二〇種あまりのビラが三〇万枚も配られたという（『東京朝日』一九二四年七月二日）。

　これを境に「排米熱」がさらに高揚し、日米問題講演会、市民大会、婦人団体などの会合でも反米が表明された。図4－4は、八月に在日米国大使館前で開催された抗議デモを撮った写真である。基督《キリスト》教婦人矯風会、本願寺僧侶団、全国神職会などの宗教団体もこの動きに加わった。また日本弘道会、水平社、東京在郷軍人会、大亜細亜学生連盟などの団体も米国に抗議した。米国製品を扱う蓄音器商会や米国映画を配給する会社でさえも、反米的態度をアピールせざるをえなかった。

　さらに、大行社《たいこうしゃ》や鉄心会《てっしんかい》といった右翼団体も、この法案に対して露骨な反対運動をつづけた。彼らは、帝国ホテルや東京三越などのデパートで米国製品の不買運動を進め、米国製映画の上映中止を唱える（中島 一九二四）。こうした「排米熱」の背後には、米国の影響力を削《そ》ぎたい頭山満《とうやまみつる》や内田良平《うちだりょうへい》ら国粋主義者のグループがいたことも指摘されている（チャオ 二〇一一）。

「排米熱」の高まりに便乗するかのように、一九二四～二五年には、樋口紅陽《ひぐちこうよう》『国難来る未来の日米戦争』（社会教育研究会）、大浜忠三郎《おおはまちゅうざぶろう》『起るか？起らぬか？日米戦争』（甲子出版社）、柴田次郎《しばたじろう》編『米禍来と国民の覚悟』（大盛堂書店）、川島清治郎《かわしませいじろう》『日米一戦論―一名・無識の恐怖』（敬文館）といった日米開戦を煽るトンデモ本も発売された。一七年後、それが現実になることを誰が想像しただろうか。

米国での排日移民法の施行は、武力を用いない対日プロパガンダ戦の始まりであった。その後、米国への移民は制限され、かわる新天地としてブラジルやメキシコなどがあげられ、さらに満洲が想定されるようになる。排日移民法の施行は、のちアジア太平洋戦争期の日本人排斥にも繋がる。この時期、カリフォルニア州マンザナーなど米国各地に日系人強制収容所が設置され、一二万人以上の日系人が収容されたことは、いまも米国史の汚点のひとつになっている。

一九二〇年代の帝国日本には、米国に対する「被害者」意識と済南事件をきっかけとした中国への「加害者」意識のはざまに揺れ動く姿が見てとれる。一方、太平洋の東西から帝国日本に向けられた冷たい視線は、一九三〇年代にも持ち込まれ、のちのアジア太平洋戦争への伏線となる。

次の第5章では、帝国日本の周縁に位置づけられた台湾と満洲に目を移したい。一九三〇年代に起こったふたつの事件、霧社《むしゃ》事件と満洲事変を取りあげ、とくに軍部と報道界の関係の変化に注目しよう。新聞社は販売部数の問題に直面し、たとえば朝日は社論を大転換させ、軍部に追従していくようになる。

第5章　台湾霧社事件と満洲事変——新聞社と軍の接近（一九三〇年代前期）

本章では、日本政府や軍部が国内外のメディアとの連携をはかる新たなプロパガンダ戦略の契機となったふたつの事件を見る。

台湾と満洲は、二〇世紀への転換期に帝国日本の勢力圏に取り込まれ、その周縁に位置づけられた地域である。しかし、一九三〇年代前半になると、両地域の地政学上の位置は劇的な変化を迎える。

台湾本島およびその島嶼《とうしょ》部である澎湖諸島は、日清戦争後に締結された下関条約によって帝国日本初の植民地となった。また満洲では、日露戦争後に締結されたポーツマス条約により、大連や旅順を含む遼東半島が割譲されて日本の租借地となり、旅順―長春《ちょうしゅん》間の鉄道とその沿線地（満鉄附属地）には租借地に準ずる排他的行政権が設定された。

日本のプロパガンダ史を考えるうえでも、帝国日本の植民地行政を震撼《しんかん》させた台湾の霧社《むしゃ》事件と、その翌年に勃発した満洲事変をぬきには語れない。このふたつの事件は、どのようにして日本本土に伝えられ、プロパガンダ工作に用いられたのか。そして軍部と報道界の関係はいかに変化したのか。それは日本本土にいかなる衝撃をもたらし、「戦争熱」を高揚させたのか。

1 霧社事件をめぐる報道と政争

セデック族の集団蜂起

一九三〇年一〇月二七日、台湾中部の山岳地帯、台中《たいちゅう》州能高《のうこう》郡の霧社（現南投《なんとう》県仁愛《じんあい》郷《きょう》）で起こった霧社事件は、台湾原住民が日本に対して起こした初めての集団蜂起であった。この事件は、帝国日本の植民地政策全体への批判を巻き起こす政争に発展し、三〇年代の日本に衝撃をもたらした出来事のひとつであったが、戦後日本で語られることは少ない。

集団蜂起の首謀者は、霧社セデック族マヘボ社のモーナ・ルダオであった（図5-1）。彼とともに、セデック族六社一二〇〇人あまりの原住民が蜂起。一〇月二七日に霧社警察分室、ポアルンや能高の駐在所を襲撃した後、霧社公学校が開催していた運動会場になだれ込んで、計一三四名の日本人、大陸華僑を殺害。事件はすぐさま警察などに通報された。

霧社については、筆者も調査に赴いたことがある。台湾中部の山奥にあり、いまも交通は便利とはいいがたい。事件発生当時は、情報も不足していたため、討伐令が出たのは事件から三日後のことであったという。蜂起グループの一〇倍以上の規模の台湾守備隊や警察部隊が鎮圧に乗り出し、大砲などの重火器や飛行機を駆使し、事件と関係ない原住民を含めて、死者七〇〇名超の犠牲者を出した。

図5-1　霧社セデック族マヘボ社の頭目モーナ・ルダオ（中央）

霧社事件が起きた一〇月二七日、朝日新聞社の台北《タイペイ》通信部主任であった蒲《かま》田丈夫《たたけお》は、たまたま台中市の警察署に来ていた。そこで事件報告を耳にすると、ひそかに大阪本社宛に電報を打つ。この朝日の社内連絡が、日本に伝えられた事件第一報であった。

事件の翌日、大阪朝日は特派員として渡辺哲幹《わたなべてつまさ》を霧社事件の現場に派遣した。渡辺特派員は、台北駅から急行に乗って南下し、台中駅経由で埔里《プーリー》駅に到着。しかし、台中州の警務部からは緘口令《かんこうれい》が敷かれたために、渡辺特派員が大阪本社に送ろうとした報道電報はすべて差し押さえられてしまう。幸い、蒲田主任が事件当日に大阪本社宛に送った第一報が着信していたので、『大阪朝日』一〇月二八日付の号外で、かろうじて事件は公開。この号外によって、霧社事件は日本全国に知れ渡ることになり、植民地統治を揺るがしかねない大事件として大きな衝撃を与える。

やがて台湾総督府の警務局も事件を隠蔽できなくなると、渡辺特派員の記事も掲載が許可され、一〇月二九日付の『東京朝日』の第二面に「台湾蛮人の暴動続報」などの記事が大きく掲載された。記事自体は、前日に埔里から発信されたものである。続報では、運動会を襲撃した原住民の数は「一千五百余名」「八百余名」とバラバラで、「死者内地人約百三十名その他本島人等を合せて二百余名」など、実際の犠牲者数よりも大きな被害があったと強調される。

ところが、渡辺特派員は一〇月二八日には埔里に到着していたが、このときまだ霧社の事件現場には近づけていなかった。銃声が鳴り響く状況のなか、彼が霧社入りしたのは、その翌日の午後五時であった（『東京朝日』夕刊、一九三〇年一〇月三一日）。渡辺特派員は、事件現場に足を踏み入れた最初の日本人報道関係者であったが、二八日に埔里から発信した記事

霧社蕃大暴動畫報
本社岩永特派員撮影
【三日門司より新野機空輸】
大阪朝日新聞
號外
昭和五年十一月三日

図5－2　号外「霧社蕃大暴動画報」 1930年11月3日

は関係者から伝聞した検証なき情報にすぎなかった。事件をめぐるうわさが、事件そのものの規模や被害者数を拡大させてしまったのである。実際に渡辺特派員が現地で取材した記事は、三一日の夕刊からようやく掲載された（以下、鍾・貴志 二〇二〇参照）。

事件写真とニュース映画

朝日新聞社は、済南事件（第3章）のときと同様に現地写真の輸送に努め、霧社事件の報道についても他社の追随を許さぬ速報で伝えた。

初めて霧社事件の現場写真が『朝日』の紙面に掲載されたのは、一九三〇年一一月三日付の『大阪朝日』の号外であった（図5－2）。写真は、台北通信部の嘱託写真班員岩永《いわなが》特派員が撮影したものである。それまでの新聞写真は朝日のストックフォトを利用したものに対し、岩永特派員が一〇月二八日から三〇日にかけて現地で撮影した写真はじつに迫力があった。

岩永特派員の写真が紙面掲載に時間を要したのは、輸送の関係であった。まず台北から出帆の定期船で門司へ運ばれ、そこから朝日航空部の飛行艇で大阪本社に空輸される。そして東京本社宛に写真電送され、一一月四日付の『東京朝日』に掲載された。こうして輸送に数日要したとはいえ、朝日は霧社事件の写真をリアルタイムに掲載することに成功。自社機の役割をいっそう高く評価することになった。他の新聞社や出版社、そして軍部も、霧社事件を機に、写真の空輸と国内電送を積極的に利用していく。

大手新聞社の朝日にとって、日本の植民地政策に抵抗する台湾原住民の闘いという霧社事件の構図は、恰好の取材ネタになった。『アサヒグラフ』三八一号（一九三一年二月二五日）には、霧社事件の写真とともに、鎮圧の経緯が説明されている。ところが奇妙なことに、掲載された写真はすべてストックフォトが利用され、岩永特派員らが撮影した現場写真は掲載されてはいなかった。読者を魅了するために、事件のリアリティよりも台湾を平和でエキゾチックな島に見せる台湾総督府の意志が優先されたからかもしれない。

なお、霧社事件はこうした新聞報道のみならず、ニュース映画としても公表され、日本本土に広められた。たとえば、松竹ニュース班の下加茂《しもがも》撮影所、蒲田《かまた》撮影所のカメラマンが撮った『松竹ニュース』第三三輯や、大阪朝日本社製作の『霧社蕃害《ばんがい》事件』などがある（『毎

日』一九三〇年一一月五日、『朝日』二〇〇九年一〇月二九日）。

虐殺の連鎖

セデック族による蜂起の原因は、当時、どのように考えられていたのだろうか。『東京朝日』はいくつかの理由を記している。「土木工事に従事していた熟蛮《じゅくばん》土工に賃金不払いのため」「日月潭《にちげつたん》工事で〔生活の糧を得ていた〕森林伐採の禁止から」、また総督府警務局談「出役〔使役〕回数増加」や部族間の「仇敵《きゅうてき》関係」、さらに総督府理蛮課は蜂起首謀者のモーナ・ルダオの個人的資質の問題を原因にあげている。しかし、こうした説明に対し、蜂起原因を調査するために台湾を訪れていた、拓務省の生駒高常《いこまたかつね》管理局長さえ疑問を抱いていた（『東京朝日』一九三〇年一〇月二九日、一一月四、二〇、二四日）。

事件発生の原因追及があいまいにされたまま、およそ半年たったころ、セデック族と対立して日本に協力したタウツア族が、警察によるそそのかしもあって、すでに投降していた霧社セデック族の生存者を虐殺するという第二霧社事件が起こった。この事件の発生によって、霧社事件は一過性の原住民蜂起ではなく、台湾総督府の失政の結果だとみなされることになる。それによって、総督府中央研究所の事務官三輪幸助《みわこうすけ》、同地方理事官山下末之武《やましたみのぶ》が懲戒処分となるが（同、八月三〇日）、事態はそれだけでは収まらなかった。後述するように、やがて事件は日本国内の政争へと発展していく。

二度の事件で生き残ったセデック族の人びと二八〇人あまりは、台湾総督府の手によって、北港渓《ほっこうけい》中流域の川中島《かわなかじま》（現清流《せいりゅう》集落）に強制移住させられる。なかには、平地での環境になじめず、マラリアや栄養失調などで死亡する人びとが続出。生き残った人びとは、不慣れな農業に従事しながらも、自分たちの存在を社会に認めてもらおうと尽力したようである。たとえば、アジア太平洋戦争期に皇民化教育が進められるなか、三三人のセデック族の若者が日本兵として戦地に徴用されている。ただし、日本統治期に川中島で霧社事件に触れることはタブーだったと、筆者の取材のなかで古老は語っていた。

戦後に中国国民党の統治が始まると、霧社事件は抗日事件として、一九八〇年代まで高く評価される。しかし現在、清流集落に建つ霧社事件餘生《よせい》紀念館は、生き残ったセデック族の人びとのオーラル・ヒストリーに取り組み、政治に左右されない事実の探求をめざしている。

霧社事件の政治化

日本本土では、霧社事件はどのように見られていたのだろうか。通説的には台湾統治のあり方が、警察行政による圧政から、皇民化教育とともに民政統治へ転換する契機、あるいは原住民の排除から包摂へ転換した事件と理解されている。すなわち、事件をとおして日本名への改姓、日本語の強制、青年団の組織化が進み、原住民約一六万人を帝国日本の皇民に取り込む政策が進んだ側面が強調されている。

ところが、一九三一年に事件が鎮圧されると、日本本土では霧社事件の原因をめぐり、責任問題が政治化した事実は見すごされがちである。台湾総督石塚英蔵《いしづかえいぞう》は上京するのを渋り、拓務大臣松田源治《まつだげんじ》と会見したのは、事件勃発の二ヵ月半後であった。政治上の駆け引きを経て、結局台湾総督石塚は総督府総務長官人見次郎《ひとみじろう》、台中州知事水越幸一《みずこしこういち》とともに引責辞任となる（『東京朝日』一九三一年一月一二、一六日）。

しかし、問題はこれでも沈静化しなかった。衆議院本会議で松田大臣の管理責任問題をめぐって紛糾したのである。議会では陸軍大臣宇垣一成《うがきかずしげ》が、軽率にも「軍隊の行動は我々のいうところの戦闘行為に出たのである」と答弁したことを捉えて、立憲政友会側の議員は、セデック族の反乱には国内法の内乱罪の適用が妥当であり、霧社事件は植民地政策の失政であるゆえに松田大臣の引責辞任が当然であると答弁した。これに対して松田大臣は、霧社事件は原住民の一過性の反乱にすぎないために騒擾《そうじょう》罪が妥当であり、動乱の鎮圧のためならば軍隊を出動させることは可能であると主張し、自らの引責辞任を否定する。

当時は立憲民政党の浜口雄幸《はまぐちおさち》内閣時代であり、松田大臣も同党に所属していた。立憲民政党の強い主張が通り、霧社事件は法的にはより軽度である騒擾罪が適用され、大臣辞任の話は流れた。台湾総督府のみならず、日本政府の立場からしても、台湾統治の強固さをアピールする必要があったからであろう。帝国日本が植民地政策を推進するうえで、高度な政治判断がおこなわれたわけである（同年二月〜三月の『東京朝日』）。

これ以降、日本の国会や報道界は、霧社事件の背景、台湾総督府の統治能力、植民地政策について十分に検証することなく、事件は政争の具にされる。しかし、ときの政権与党であった立憲民政党の圧力によって、一九三二年一月を機に霧社事件の報道はほぼなくなる。

霧社事件をめぐる一連の問題のなかで注意すべき点は、治安維持を名目とすれば、議会の承認を経ずに軍隊の出動が許されるという前例を作ってしまったことである。一九三〇年代前半、議会が軍隊の出動に対する制御機能を緩和させたことは、その後に軍部の暴走という禍根を残すことになった。

2 満洲事変報道と戦況写真

満洲事変の捉え方

霧社事件報道をきっかけとして、新聞社の報道のあり方だけでなく、ニュース伝達の方法も見直されることになった。それをもっとも如実に示したのは、一九三一年九月一八日に起こった満洲事変についての報道である。

日本では当時、満洲事変勃発の原因をどのように捉えていたのだろうか。この点については、第4章で触れた秋山豊三郎編『時局及排日ポスター写真帖』が明らかにしている。

この排日運動のいかに辛辣《しんらつ》であり、侮日《ぶにち》的であり、挑戦的であり、かつ背信的であるかは、各地において彼らの宣伝頒布したポスター、雑誌、書籍、伝単《でんたん》〔宣伝ビラ〕等を見れば、直ちに首肯されます。彼らはこれによって、支那の民衆に対日的敵愾心《てきがいしん》を起させ、もって今日の事態を惹起《じゃっき》するに至ったのであります。

満洲事変勃発の原因に対する秋山の指摘は、日本の世論そのものであった。一九二〇年代からつづく反日運動の結果、中国のナショナリズムが高揚して満洲事変が発生したという捉えかたである。しかも、中国の民衆の感情を煽ったのは、中国国民党のプロパガンダ・メディアであったと糾弾している。関東軍の暴走という発想は微塵《みじん》もなかった。

秋山が編纂した図録には、満洲で使われた反日ポスターも多数掲載されている。民心をたぶらかす鬼に対抗する「拒毒〔アヘン反対〕運動」もその一枚である（図5-3）。ポスター

図5-3　抗日とアヘン反対を訴えるポスター

を作成した遼寧省の拒毒聯合会は、アヘン専売制実施を目的に設置された団体であり、遼寧省国民外交協会、その外郭団体である国民常識促進会とともに、省内の反日運動を推進した中心的な組織であった。ポスターには、孫文を首班とする中国国民党が「抗日救亡」運動を指導していることも描かれており、その呼びかけの政治的意図は確かに国民党への支持にあった（秋山　一九三二）。

『朝日』論説の大転換

では満洲事変は、帝国日本の報道界にいかなる影響をもたらしたのか、いま少し掘り下げていきたい。

大阪朝日の編集局長であった高原操《たかはらみさお》などは、事変勃発までは普通選挙実施、軍縮キャンペーンの先頭に立ち、関東軍の拡大をくいとめようとしていた。しかし、高原は満洲事変を契機に起こった朝日不買運動に直面して危機感を高め、事変後の一九三一年一〇月一日に社説「満蒙の独立、成功せば極東平和の新保障」を発表する（後藤　一九八七）。この社説は、満洲に暮らす日本人の苦しみを軽減するためには独立運動を支援し、満洲という緩衝国を設置するほかないという論調であり、もとより関東軍の意向に沿うものであった。

朝日はそれまで、中国ナショナリズムを積極的に肯定し、また満洲は中国の一部であると

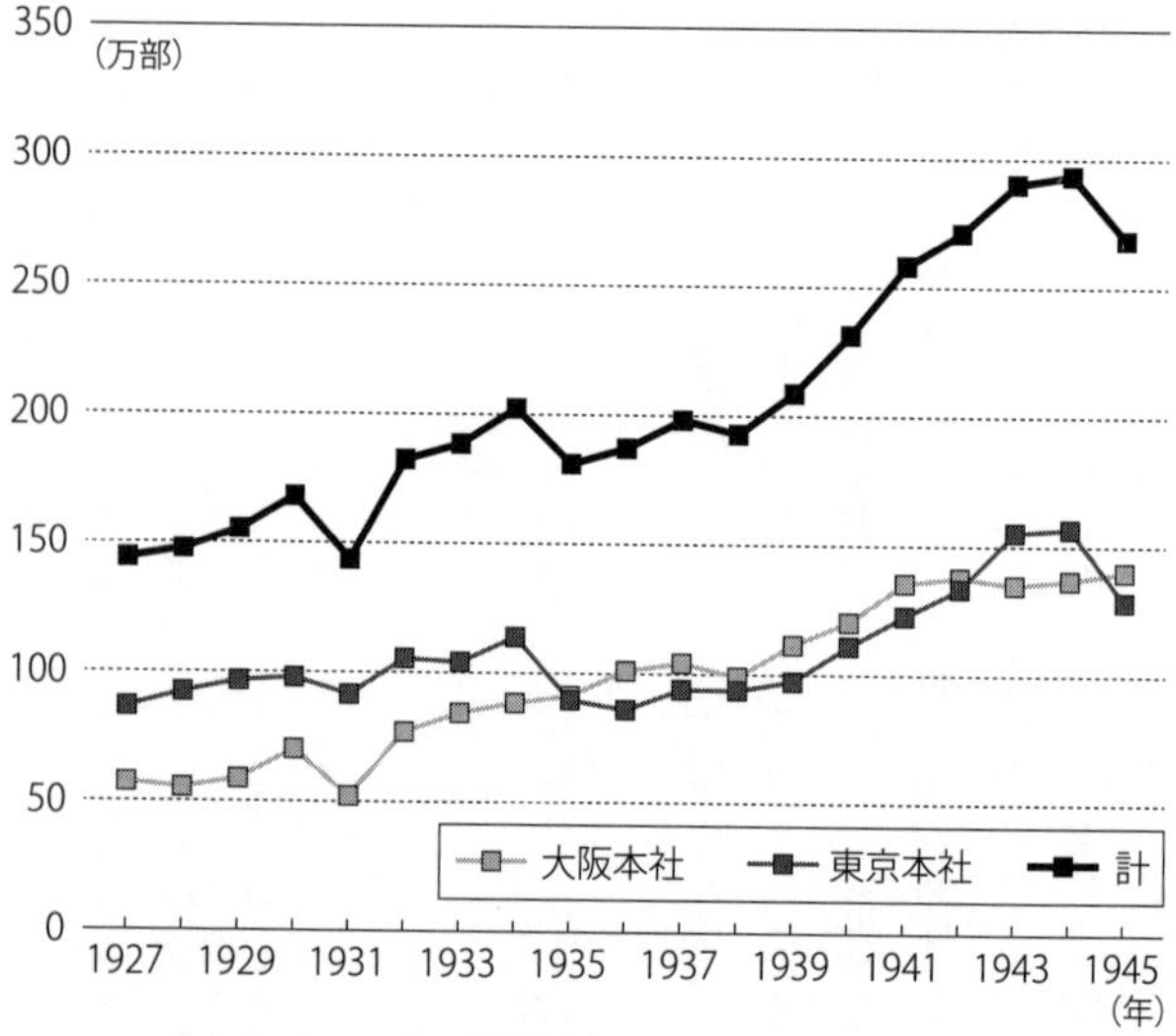

図5-4　戦前の朝日新聞の販売部数　1927-45年
〔注〕大阪朝日新聞、東京朝日新聞は1940年に全社統一

いう認識に立っていた。そのいずれも捨て去り、軍部の行動を追認し、中国から満洲の分離独立を容認する論調に転換したのである。さらに、一〇月一二日の経営陣による会議では、こうした論調に即して、「社論を統一して国論を作る大方針」が決定された。こうして、満洲事変を境に朝日創刊以来の社論が、軍部追従の社論に大転換することになった。

その背景には、一九二〇年代末に朝日の国内販売市場が頭打ち状態になっていたことがある。販売部数拡大のために、朝鮮や満洲という新天地に目を転じたわけである。

満洲事変前後の大阪、東京両本社

の売り上げ統計について簡単に見ておこう。このころ、『大阪朝日』『東京朝日』の国内販売総部数は、満洲事変勃発の年こそ落ち込んだものの、翌年には一八二万余部（前年比三八万部増）に増えていた（図5-4）。一九三〇年代後半には再び販売部数が伸び悩んだが、日中戦争が起こった三七年には一九八万余部、太平洋戦争勃発前年の四〇年には二三一万余部、そしてアジア太平洋戦争勃発とともに販売部数を伸ばし、一九四四年には戦前の最多部数である二九三万部あまりの売り上げを達成している。

一方、満洲における『朝日』の販売部数は、事変前の一九二九年には一万六〇〇〇部にすぎなかったものの、四〇年には七万二〇〇〇部、四二年には一〇万部を超えるほどに急増していた（朝日新聞「新聞と戦争」取材班 二〇〇八）。朝日は、郷土部隊の戦闘や戦死者について記事を増やすことで、それまで新聞とは縁のなかった社会層も新聞を購読するように、増売の工夫に努めたのである。

こうして満洲事変を機に、外地での新聞需要が高まると、一九三三年一一月に大阪本社で「満洲版」「台湾版」が創刊される。これら外地版の発行を促進するために、翌年四月に満洲国の首都新京《しんきょう》（現長春）に満洲支局が開設された。こうした朝日の満洲進出の動きは、主筆であった緒方竹虎《おがたたけとら》の意向が強く働いていたといわれる（朝日新聞社史編修室編 一九七二）。朝日の対外拡大路線を担うためにも、満洲には多くの特派員が派遣され、多くの戦況写真が撮影された。

満洲を伝えるビジュアル・メディア

朝日は満洲事変を機に社の論調を転換させたことで、売り上げを伸ばした。紙面に掲載された迫力ある現地写真が、増売を後押ししたのである。また、一九三一年発行の『アサヒグラフ』四一二号、四一三号（九月三〇日、一〇月七日）では「満洲事変画報」を、翌年の臨時号（二月五日）では「満洲事変写真全集」を特集している。写真を多用したビジュアル記事は、読者の興味を強く惹きつけた。

さらに、一九三一年九月二一日、二二日には、東京朝日本社の講堂で、特派映画班が撮った『日支両軍衝突事件』が映画第一報、第二報として上映された。このときの様子は、次のように記されている（『東京朝日』一九三一年九月二二日）。

観衆は定刻前三〇分から講堂にあふれ、文字どおり立《りっ》すいの余地もなく、次々に銀幕の上に躍り出る奉天占領の状況、勇敢なる我軍の行動等手にとる如く展開され大喝采を博した。続々と集まってくる観衆のために、引続き三回にわたって映写を繰り返して大成功を収めた。

また、日本国内の報道手法は、在満日本人にも影響を与えた。事変後、満洲南部各地には日系の治安維持会がばらばらに組織化されていたが、これらを統合するために、奉天で自治指導部が設置された。自治指導部は、中華民国からの満洲分離独立、王道主義の実現を求めた。そのために満洲日日新聞社印刷所で多色刷のプロパガンダ・ポスターを大量に印刷し、奉天を中心とした満鉄沿線に掲示した。

自治指導部のこうした宣伝工作は、一九三二年三月に満洲国が建国されてからは、国務院資政局内の弘法処《こうほうしょ》のもとでビジュアル・メディアを用いたプロパガンダ戦略に引き継がれる。さらに、満洲弘報協会や満洲国通信社でも、満洲国による情報統制が一元的に進められたのである。

他方で、一九二〇年代に満洲国や関東州の街角に貼られていた反日ポスターは、中国国民党のイデオロギーである三民主義を普及するものであったために、街角から急速に姿を消していた（貴志 二〇一〇）。

満洲と台湾での戦況報道

満洲事変を通じて、新聞の売り上げを伸ばす工夫として忘れてはならないのが、報道の速

東京朝日新聞
號外
昭和六年九月二十日【午後四時發行】
この號外は本紙に再錄せず

日支兩軍衝突畫報

本社特派員撮影・今朝京城着・京城より廣島まで本社新野機空輸・廣島より大阪まで本社中島機空輸―【大朝電送】1 奉天城内攻撃に向ふ日本軍のタンク 2 官銀號前を進軍する日本軍 3 日本軍の保障占領した安

図5－5　号外「日支両軍衝突画報」 1931年9月20日

報性がいっそう重視されるようになったことである。

満洲事変からわずか二日後、一九三一年九月二〇日付の『東京朝日』の号外に事変勃発が報道された（図5－5）。この写真は、九月一八日に現地から京城（現ソウル）まで汽車で輸送され、京城から広島経由で大阪本社まで空輸。さらに東京本社へ電送され、東京本社で製版されて号外が出された。済南事件や霧社事件の場合も、写真の空輸が試みられたが、さらなるスピードアップがはかられたのである。

満洲事変後、日本軍は満洲のほぼ全土を占領。のみならず、翌年の一九三二年三月一日、清朝最後の皇帝溥儀《ふぎ》を執政にたて、満洲国を成立させる。さらに、一九三三年二月には、領土拡張のために熱河省や河北省に軍を侵攻（熱河事件）。このころには、戦況写真は平壌や京城で中継されずに、朝日は自社機で遼寧省西部の錦州から大阪まで直接空輸する輸送体制が取られた（『大阪朝日』一九三三年三月五日付）。満洲事変から二年の間で、報道の速報性はいっそう高まった。

また、台湾での満洲事変報道も、とくに日本本土の新聞社から速報性が求められた。実際、台湾での事変報道は、朝日、毎日両新聞社よりも在地の新聞社のほうが早かった。本土から搬送されてくる邦字新聞は、搬送に時間がかかりすぎ、事変報道の速報性という点からは論外であった。号外の発行も、島内の新聞社に限定されていたのである。

朝日台北通信部の蒲田丈夫はこれを問題視し、大阪毎日とともに、台湾総督府に向けて台湾における「号外」の発行を願い出ることにした。この申請に対して、島内発行の台湾日日などから反対はあったが、結局総督府はこれを承認。そして翌年一月一〇日、朝日は、本社特電をもとに内外のニュースを掲載した号外第一号を台湾で発行したのである。こうして、満洲事変報道を契機として、日本本土と台湾の間の情報伝達のスピードは加速化される（『東京朝日』夕刊、一九三二年一月一二日）。

日本本土の新聞社は、号外の発行を通じて、台湾全域へ自社新聞をアピールしていく。当初台北市内だけに発行された号外の部数は一万二〇〇〇部程度。しかし、一九三七年七月の日中戦争勃発時には、初めて一頁大にわたって写真を掲載した号外が配布され、活字を読めない読者にも大きな衝撃を与えた。同年に発行された朝日の号外は、台北市内だけで約二万五〇〇〇部、台湾全体では約五万部も発行されるようになっていた（朝日新聞社史編修室一九七一）。

報道の速報性を保証する号外の発行は、現実に進行する戦況と同期する感覚を与え、「戦争熱」を高めることになる。さらに戦場の臨場感は、帝国日本が意図するナショナリズム強化の一翼を担う。戦況写真の空輪や電送という情報伝達手段と、速報性を重視してナショナリズムを喚起するプロパガンダ術は、つづく日中戦争、アジア太平洋戦争期に、さらに広がっていく。

次の第6章では、一九三七年から約八年間つづいた日中戦争期のプロパガンダの展開状況を見ていきたい。この時期には、映画や写真報道など、あらゆるビジュアル・メディアを駆使したプロパガンダ術によって、国家プロパガンダは絶頂期を迎える。

第6章　日中戦争期——国家プロパガンダの絶頂期（一九三〇年代後期）

一九三〇年代後半、総動員体制に基づく国家プロパガンダは、中国との間で始まった戦争遂行のために導入され、軍・官・産・民の緊密な連携のもとで進められていく。この時期の特徴は、戦争が長期化したことと、戦争への動員が強化されたことであった。そのため、国家プロパガンダは、報道界や文化娯楽業界を通じて、職業、年齢、性別を問わずあらゆる社会階層を対象として「戦争熱」を高めた。まさに帝国日本における国家プロパガンダが絶頂期にあった時代といえるだろう。

日中戦争の始まりは、一九三七年七月七日に北京郊外の盧溝橋《ろこうきょう》で起こった日中両軍の衝突（盧溝橋事件）である。盧溝橋事件後、中国北部全域に戦火が広がり、さらに中国中部の拠点都市上海、奥地の拠点都市張家口《ちょうかこう》に飛び火して、翌年以降、中国沿海地域や長江流域

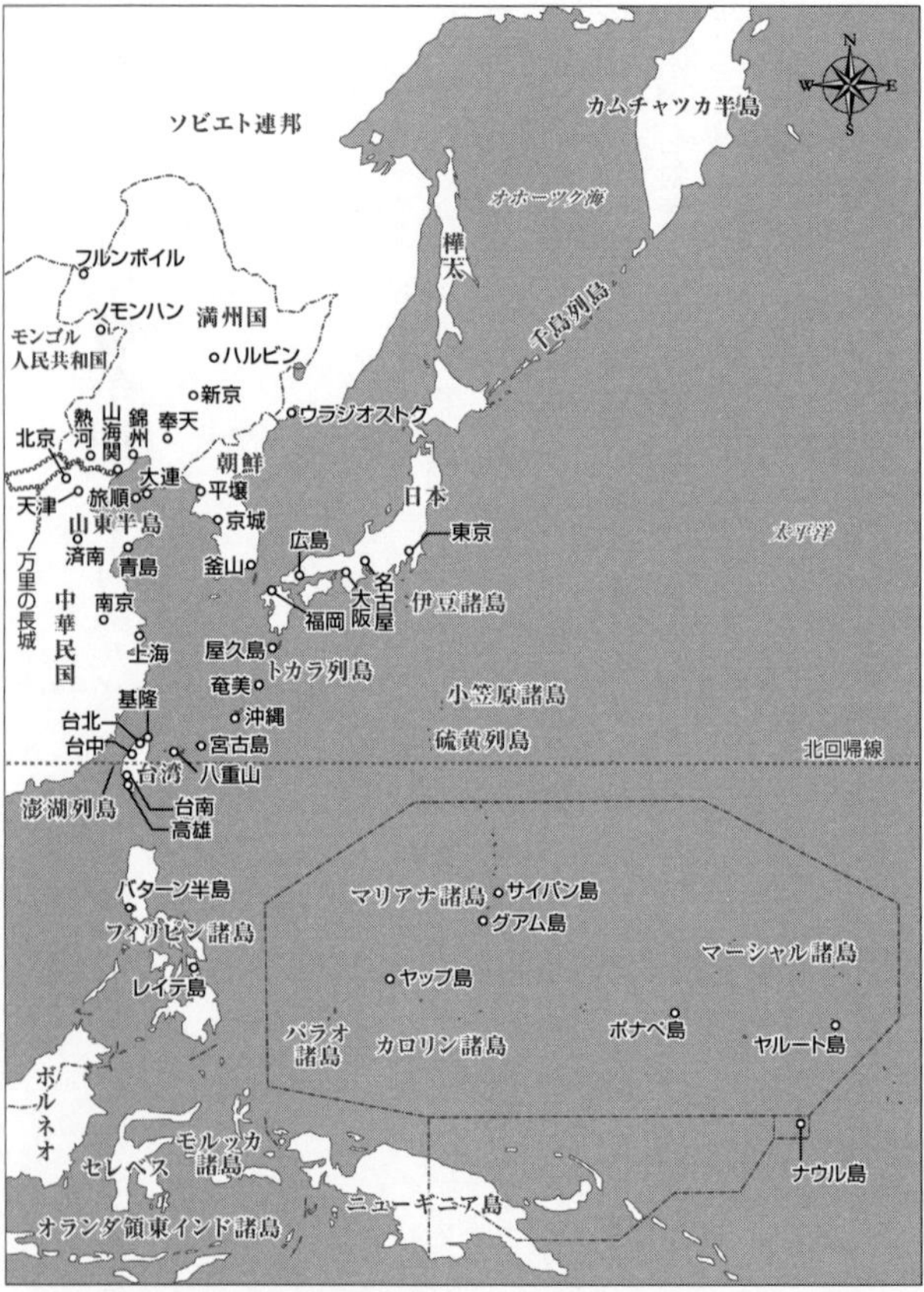

地図　日中戦争勃発頃の帝国日本　1937年頃

をも戦禍に巻き込んでいく。ただ、戦争勃発の潜在的な火種は、第4章で見たように一九二〇年代からつづいていたのである。

1　国産映画の流行

日中戦争の勃発と拡大の裏側で、日本本土では興亜院《こうあいん》や報道界が、一方中国大陸では北支那開発株式会社やその傘下の華北交通が、それぞれ「一九三八年的平和論」とでもいうべきプロパガンダ戦略を展開していたことはあまり知られていない。「一九三八年的平和論」を標榜する帝国日本の立場は、この年戦争は収束しつつあり、平和と開発の時代が訪れているという平和幻想を浸透させることにあった。当時、日本の大陸開発の矛先を満洲から中国北部に拡大し、権益を拡大させる目論見《もくろみ》が背景にあったからにほかならない（Kishi 二〇一九）。

第一次近衛文麿《このえふみまろ》内閣は銃後の非戦闘員を動員し、大陸開発を進める目的もあって、一九三七年九月から「国民精神総動員運動」を開始する。「挙国一致、尽忠報国、堅忍持久」のスローガンのもと、総動員運動の理念を浸透させるために活用されたのが、博覧会、写真や映画、ポスターや紙芝居など新旧のプロパガンダ・メディアであった。この運動は日本国内から、次第に植民地下の朝鮮や台湾などにも広がっていく。

写真宣伝

帝国日本が経験した戦争のなかで、日中戦争ほどたくさんのビジュアル・メディアが製作され、流通した戦いはない。国民を戦争に向けて動員するために、写真やニュース映像などのプロパガンダ・メディアが効力を発揮したのである。陸軍報道部長として活躍した馬淵逸《まぶちいっ》雄《お》は、宣伝における写真の多様な用途について、次のように強調している（馬淵 一九四一）。

> 写真宣伝は、平和宣伝、戦争宣伝、対敵宣伝、対民衆宣伝、対外宣伝、対内宣伝、その使用目的によりそれぞれ狙いが違い、技術的にはニュース写真、戦況写真、謀略宣伝写真、記録写真、宣撫《せんぶ》写真、作戦用写真、航空写真等によってそれぞれの特異性がある。

内閣情報部が一九三八年二月一六日に創刊した『写真週報』（図6‐1）は、一九四五年七月一一日、戦闘の終結直前まで、三七〇号の発行を数えている。創刊号の表紙には、木村《きむら》伊兵衛《いへい》が撮影した「愛国行進曲」を歌う少年少女の姿が写されている（玉井 二〇一七）。木村のほか、土門拳《どもんけん》、大宅壮一《おおやそういち》など多才な写真家やジャーナリストが参画した『写真週報』には、数々の逸話がある。とりわけ、編集部が特別任用の新聞記者たちによって構成されていたことには注目しておきたい。

この時期、『大阪朝日』『東京朝日』『大阪毎日』『東京日日』などの新聞に掲載された戦況写真の数は膨大なものであった。また、新聞社発行のグラフ誌も同様である。朝日が一九二三年に創刊した『アサヒグラフ』は、八〇年近くつづいた長寿グラフ誌であるが、当時の世論に与えた影響は大きかった。

図6－1　内閣情報部『写真週報』創刊号
1938年2月

また、大阪毎日や東京日日も、一九三七年八月にグラフ誌『北支事変画報』を創刊し、同年九月に『支那事変画報』、さらに一九四二年一月に『大東亜戦争画報』とタイトルを変えながらも、一九四五年二月に停刊するまでに計一四〇冊の写真画報を発行し、戦時プロパガンダを浸透させた（一ノ瀬二〇一九）。

実際、日中戦争勃発直後の七月三一

日に公布された「陸軍省令第二四号」では、「新聞紙法」の第二七条に準じて、当面の間軍隊の行動や軍機、軍略に関する事項を新聞紙に掲載することが禁じられた。一九〇九年に制定された「新聞紙法」の第二七条とは、陸軍大臣、海軍大臣、外務大臣が記事の掲載を禁止・制限できるという内容であった。すなわち、記事の掲載はもはや新聞社のデスクの判断によらず、軍部が戦争報道をはじめとして「許可」「不許可」の権限を持つようになったわけである。新聞社の編集体制が変わらなかったとはいえ、軍部が戦争報道を管轄するようになることで、編集局も軍部の意向を忖度するようになった。

翌八月一四日に「軍機保護法」が改正されると、「軍事上の秘密」を名目にした統制、情報管理がさらに強化され、軍用の駅、港湾、飛行場、軍需資源産出地、通信施設、軍需品工場、軍需品貯蔵所などにおける一般人の撮影はほぼ不可能になった（貴志 二〇一〇）。さらに、八月一六日に「海軍省令第二二号」が公布されると、先の「陸軍省令第二四号」に準じるかたちで、艦隊や海軍部隊の行動、その他の軍機、軍略に関する事項を新聞紙に掲載することも禁止された（朝日新聞歴史写真アーカイブ）。

一九三八年四月には、戦時統制を決定づけた国家総動員法が公布される。同法により、政府は治安や財政・金融に関しても戦時統制を敷くことが可能となる一方で、特定の戦況報道が強化され、ビジュアルな戦時プロパガンダが隆盛を迎えることになったのである。

戦争のスペクタクル

盧溝橋事件勃発から二ヵ月あまりが経った一九三七年九月二一日、大蔵省による為替管理という名目で、ニュース映画を除いた外国映画の輸入が禁止された。この措置は、映画界にとっては衝撃的な出来事であった。戦時期の検閲強化によって上映できる映画フィルムが少なくなっていたうえ、洋画の輸入までも禁止されたからである。とくに、ハリウッド映画やフランス映画、イギリスのニュース映画の禁止は大きな損失となった。

映画界はその損失を穴埋めするために、報道機関が製作するニュース映画の上映を増やしていく。盧溝橋事件後、朝日、東京日日、読売三社が製作したニュース映画は、週あたり一九五本に急増したという記録もある（筈見 一九四二）。

ニュース映画について、具体的に見てみよう。読売は、松竹直営記念日支事変週間と題して、七月一五日、一六日の両日に松竹系の映画館で「北支事変ニュース」を上映。読売本社映画班と映音研究所が提携して開発したのは「読売発声ニュース」、すなわちトーキー・フィルムである。読売は日中戦争の取材、映像や音声の収集のために、八月五日に北京に北支総局を新設したほか、本社映画部の撮影技師佐竹三男《さたけみつお》を中国に派遣した。「読売発声ニュース」の上映は、一九四〇年四月までに一六二回を数え、戦争のスペクタクルを国民に伝えつづけた（『読売』一九三七年四月二三日、七月一五日、八月五日、四〇年四月二五日）。朝日は、九月九日から帝国劇場をはじめ、新宿や浅草で「支那事変ニュース」を上映している。これは、朝日の特派員が撮った現場映像をもとに時局を解説したフィルムであった。ヨーロッパ映画の輸入で事業を拡大していた東和《とうわ》商事は、朝日のニュースフィルムの配給に関わることで、外国映画の輸入禁止による損失を補塡《ほてん》している（貴志 二〇二〇）。

こうして報道の統制が進むなかで、一九四〇年に朝日、大阪毎日、東京日日、読売の新聞各社は、それぞれのニュース映画部門を合併させて、社団法人日本ニュース映画社を発足させる（翌年、社団法人日本映画社と改称）。終戦までつづく「日本ニュース」はここに発足したのである。

映画とプロパガンダ

新聞社や通信社のニュース映画が人気を博すと、映画製作会社はこれに対抗すべく軍事映画の製作に着手する（『東京朝日』一九三七年七月三一日）。松竹大船《おおふな》撮影所は、陸軍省新聞班や海軍省軍事普及部の支援を受けて設立された大船軍事映画製作部第一班が監督した『さらば戦線へ』を上映（図6-2）。内容は、召集令状が届いたことで、ふたつの家庭に秘められていた問題が噴出するという、ありきたりのホームドラマであった。また、ピー・シー・

エル映画製作所（ＰＣＬ）は、渡辺邦男《わたなべくにお》監督による『北支の空を衝《つ》く』を製作。中国北部に派遣された新聞記者と原料輸送の任にあたっていた飛行士との絆を題材とした作品。このほか、翌年初頭までに製作された軍事映画は、図6－3のとおりである。

盧溝橋事件直後から、全国の映画館では軍事映画がひしめき合うようになっていた。しかしながら、作品数が増えると、政府や軍部のプロパガンダと逆行する作品も出てくる。中国中部の拠点都市を攻めた武漢《ぶかん》作戦を記録した亀井文夫《かめいふみお》監督の『戦ふ兵隊』（東宝）もそのひとつである。陸軍省の後援にもかかわらず、一九三九年試写会直後に上映禁止となり、その後三七年間、お蔵入りになってしまった（毎日新聞社　一九七七）。

図6－2　松竹映画広告『さらば戦線へ』 1937年8月

こうした混乱を未然に防ごうと、大日本活動写真協会は、軍部や内務省とともにはかり、軍事映画を含めた時局映画の製作方針を次のように決議している（『東京朝日』一九三七年八月四日）。

日活多摩川撮影所	文化映画	山本弘之監督『陸軍士官学校』『銃後』
	劇映画	玉川映二監督『国境の風雲』、水ヶ江隆一監督『銃後の赤誠』、伊賀山正徳・首藤寿久共同監督『報国邁進』、首藤寿久監督『戦士の道』『軍国の花嫁』、清瀬英次郎監督『夢の鉄兜』、千葉泰樹監督『軍神乃木さん』、倉田文人監督『悦ちゃんの千人針』、春原政久監督『男の誓い』、田坂具隆監督『五人の斥候兵』、渡辺恒次郎監督『軍国涙の母』
松竹大船撮影所	文化映画	「爆裂線上の北支」
	劇映画	軍事映画製作部『さらば戦線へ』『愛国抒情詩・軍国子守唄』、佐々木康監督『進軍の歌』『皇軍大捷の歌 永遠の感激』
新興東京	劇映画	西哲平監督『皇軍一度起きたば』、青山三郎監督『肉弾記者』、久松静児監督『海軍爆撃隊』、伊那精一監督『男なりやこそ』、鈴木重吉監督『小国民』、田中重雄・勝浦仙太郎協同監督『懐しの我が子』、溝口健二監督『露営の歌』
東宝映画東京撮影所	文化映画	白井茂撮影『怒濤を蹴って』、藤井静撮影『軍艦旗に栄光あれ』、二木茂撮影『上海』
	劇映画	渡辺邦男監督『北支の空を衝く』『戦いの曲』、松井稔監督『愛国六人娘』
新興キネマ東京撮影所	劇映画	西鉄平監督『皇軍一度起たば』、久松静児監督『海軍爆撃隊』『軍国母の手紙』、三枝信太郎監督『からゆき軍歌』

図6－3　**盧溝橋事件勃発直後に製作された主な軍事映画（～1938年7月）**
『東京朝日』1938年2月16-19日など

一　軍事映画製作に関しては十分当局と打ち合わせし、際物《きわもの》的映画を排撃し、今回の事変の真の目的を国民大衆に徹底させること
一　事変映画は中国を愛するがゆえに不逞《ふてい》分子を膺懲《ようちょう》するのであり、中国四億の民衆を敵視するようなものは、かえって日本の誠意を曲解させることになる恐れがあることから、この点をとくに留意すること
一　事変の認識を深めるために、六社聯盟は自発的に内閣情報委員会において決定したスローガンに従い、製作映画全部に対して「東亜の平和、挙国一致、銃後を護《まも》れ」というトップタイトルの挿入をすみやかに実行すること

それでも軍事映画の粗製乱造はやむことなく、内務省はたびたび映画会社各社の幹部を呼びつけ、注意を喚起している。戦争映画の流行とともに、こうしたプロセスのなかで映画界は主体的に国家プロパガンダの担い手になっていったのである。

一九三七年一〇月に国民精神総動員強調週間が始まると、文部省は各府県に対し、『支那事変』『総動員講演会』『日出ずる国』『地上の楽園』などのフィルムと、近衛文麿首相らの講演「挙国一致、時艱《じかん》克服」の録音レコードを配布（『読売』一九三七年九月二四日）。後述する占領期の巡回映画のモデルといえるかもしれない（第8章）。映画界のみならず、市町村

などの自治体も、国民精神総動員運動に積極的に呼応したのである。各地の自治体は、満蒙開拓団の派遣にも熱心であった。

戦時下の博覧会ブーム

こうした運動の帰結として、一九三八年四月一日に日本本土で、同年五月に朝鮮、台湾、樺太でも国家総動員法が公布された。

朝日新聞社は、奇《く》しくも同じ四月一日から兵庫県の阪急西宮球場で「支那事変聖戦博覧会」を主催している。陸海軍両省の後援のもと、戦場大パノラマが人気を呼び、七五日間で延べ一四五万人の来場者があった（『朝日』二〇〇七年六月五日）。図6-4は、『週刊朝日』の臨時増刊として一九三八年四月二三日に発売された『支那事変聖戦博覧会画報』の一頁である。対岸の中国で戦闘が繰り返されていたにもかかわらず、博覧会会場の様子はじつにのどかであったことが見てとれる。本章冒頭で述べた「一九三八年的平和論」を推進しようとした政府の意図が、こうした催しから確認できる。博覧会では、戦場の再現展示や戦況写真の絵葉書も陳列され、日中戦争が「聖戦」であることを大いに印象づけた。

こうした博覧会のプロパガンダ効果は絶大なものであった。展示のために写真や映像、音声などのメディアやレプリカが活用されたのみならず、体験型のパビリオンが人気を集めた。

図6-4　『支那事変聖戦博覧会画報』 1938年4月23日

日中戦争勃発以降、博覧会の開催回数は、一九三七年に五回、三八年二六回、三九年に二一回、四〇年に二〇回、四一年から四四年までは一二回開催されたとの記録がある。平均して年間一〇回ほどの開催。いずれも、戦争をメインテーマにしたものであった（柴田 二〇〇九）。

「支那事変聖戦博覧会」の会場であった阪急西宮球場では、一九三九年に「大東亜建設博覧会」、四一年に「国防科学大博覧会」、四三年に「決戦防空博覧会」など、大規模な博覧会が立てつづけに開催された。戦後も、一九五〇年三月から六月までの八六日間、朝日新聞社の主催、GHQの協賛により、「アメリカ博覧会」が開催されている。戦中・敗戦直後の阪急西宮球場は、プロパガンダ博覧会の聖地といいうる場所であった。

軍事映画ブーム

軍事映画の話に戻ろう。先述したように、洋画の輸入禁止は、他方で国産映画の製作を促している。歌舞伎が「ほとんど潰滅《かいめつ》の有様となり、未曽有《みぞう》の不振時代を現出した」のと同じ轍《てつ》を踏まないように（『東京朝日』一九三八年七月一〇日）、各撮影所は一九三八年以降も、さまざまな思いを抱えながらも軍事映画の製作に邁進する。

日活多摩川映画撮影所の根岸寛一《ねぎしかんいち》所長は、軍事映画を国民精神総動員に協力するものとして、次のように述べている（同、一九三八年二月一七日）。

我々は文化的な部門から国民精神総動員に協力するものである。単に製作者の立場から考えても出来るだけ多くの人々の関心を持つ題材を摑《つか》むことが当然の帰結で、現在日本人の関心がまさに支那事変にありとすればこれを題材とする。

日活で製作された軍事映画のうち、日本軍兵士の団結と友愛を描いた田坂具隆《たさかともたか》監督の『五人の斥候兵《せっこうへい》』は、一九三八年一月の封切後、三週間のロングヒットとなった。本作には、文部省、内務省、陸海軍省、警保局、教育総監部、日本文化協会など多方面から表彰状が贈られた。さらに、同年の『キネマ旬報』で日本映画第一位を獲得したほか、ヴェネツィア国際映画祭でイタリア民衆文化大臣賞に輝く。ただイタリアでの評価は、前年に締結された日独伊防共協定締結に基づく政治的配慮であった。

また、新興キネマ東京撮影所の六車修《むぐるまおさむ》所長は、軍事映画について、軍部との連携の必要性を以下のように示している（同、二月一八日）。

これからは戦場心理、勇士達の人間性、作戦行動それにともなう勇士達の協力一致の責任感等がリアルに描かれねばならない。そのためにはどうしても軍部の徹底的援助を仰がねばならない。

国家が進める総動員体制に映画界も積極的に呼応する代わりに、軍部からの支援を求めるという姿勢を表している。六車所長は、ニュース映画とは異なる軍事映画の本質にも迫る。

更に軍事映画について一言したいことは、軍事映画は必ずしも戦場の肉弾戦のみを描かなくもよいということである。〔中略〕だから戦時情勢下にある国民全体がその持場を死守する力強い生活を描き、あるいは勇士達を戦の庭に送り出す全女性の決心と覚悟を取扱うものもまた重要なる軍事映画といいえると思う。

この一言は、国民精神総動員運動を端的に表したものにほかならない。軍事映画の製作が国民精神総動員運動の理念に沿うべきだとの主張は、東宝映画の植村泰二《うえむらやすじ》社長や、東宝のライバル会社であった松竹大船撮影所の城戸四郎《きどしろう》所長も同意見であった（一九三八年二月一六、一九日）。

映画配給を中心にしていた東和商事は、こうした時代風潮を受けとめ、いちはやく映画製作の海外展開に着手する。東和商事は、盧溝橋事件直後にニュース映画の実写撮影に乗り出

図6－5　日中合作映画の撮影風景　1938年

していたが、のちに代表の川喜多《かわきた》長政《ながまさ》の判断によって劇映画製作に変更した。戦時下の悲恋を描いたニコラス・ファルカシュ監督のフランス映画『旅順港』（一九三六年公開）や、アーノルド・ファンク監督と伊丹万作《いたみまんさく》監督による日独合作映画『新しき土』（一九三七年公開）の配給に成功したことから、劇映画の製作に切り替えられたのである。こうして初の日中合作映画として製作されたのが、鈴木《すずき》重吉《じゅうきち》監督の『東洋平和の道』（一九三八年公開）であった。

図6－5は、『東洋平和の道』の撮影現場のスナップ写真である。この写真は、ハーヴァード・イェンチン図書館所蔵の満洲コレクションのひとつ、「青山唯一《あおやまただかず》スクラップブック」に収められている。東和商事で広報業務

を担当していた青山は、当時若手の映画評論家としても注目されていた。青山が企画と広報を担当した『東洋平和の道』は、初の日中合作映画として鳴り物入りで東和商事や松竹が宣言に力を入れ、前評判は高かった。反日的であった中国人農民夫妻が、日本軍との交流を通じて心を開いていくという内容で、明らかに「一九三八年的平和論」を意識したストーリー展開である。ありきたりのプロパガンダ映画ともいえる内容であったため、結果として、日本国内の興行収益はさんざんであった。ただし、東和商事の川喜多かしこの弁によると、配給先の中国、ブラジル、ドイツなど海外の興行成績は悪くはなかったという（貴志 二〇二〇）。

国民精神総動員運動の理念に準じて、多様な軍事映画が製作されたが、粗製乱造された軍事映画の人気は長くつづかなかった。そのブームは一九三九年末ころに終わりを迎える。戦況が好転せず、生活が困窮するなかで、観客は軍事映画の単調なストーリーに空々しさを覚えていたからにほかならない。アジア太平洋戦争が勃発すると、フィルムなど映画製作に必要な物資が不足し、軍事映画の人気が再浮上することはなかった（貴志 二〇二二）。

2 複数の「満蒙問題」

朝日所蔵の「富士倉庫資料」

一九三八年一一月三日に第一次近衛文麿内閣は、「東亜新秩序体制」を発表。その理念を浸透させようと、政府はプロパガンダ・メディアを積極的に活用する。

報道界に対しては、どうであったか。一九三八年八月には「新聞用紙制限令」が公布され、国家が新聞社への紙の配給を管理するようになる。資材の調達は政府の手に委ねられ、新聞社は喉元《のどもと》を押さえられたかのように、政府方針に従っていく。さらに一九三九年の「軍用資源秘密保護法」と「国境取締法」が新聞各社に追い打ちをかける。

ただ地域によって、プロパガンダの内容と効果に程度の差はあったようである。そこでプロパガンダが帝国日本のみならず、その周縁地域にいかに浸透し「戦争熱」を高めていったのかを見るために、本節では、その北辺で発生した「満蒙問題」を題材としたい。その検討材料は、朝日が所蔵する戦前・戦中の写真群、「富士倉庫資料」に眠るモンゴル関係写真である。

そもそも、戦前・戦中の写真が新聞社に残される例は、決して多くはない。大阪朝日はストックフォトを奈良の天理図書館に移管し、また大阪毎日は疎開先の奈良の王龍寺《おうりゅうじ》から旧大阪本社の地下金庫室に移したことで、いずれも戦中の空襲被害、戦後のＧＨＱによる接収を免れている。他方で、同盟通信社、東京日日などは軍の破棄命令に従ってフィルムやガラス乾板をほとんど焼却し、読売は空襲により社屋が焼失したときにフィルムの大半が消失してしまった。

「富士倉庫資料」のモンゴル関係写真は、それぞれの紙焼き写真の裏面に書かれている朱色のメモから判別できる。メモからは、資料全体七万点あまりの写真のうち、モンゴル関係写真として見いだされるのは四％弱にあたる二五七八点であった。これらを当時ユーラシア大陸東部に成立していた各地域政権ごとに再分類しなおすと、満洲国関係が一六八一点、蒙《もう》疆《きょう》政権関係が三六〇点、満洲国とモンゴル人民共和国との係争地になったハルハ河畔関係が二四二点、その他が二九五点となる。このことから、朝日に残るモンゴル関係の写真の核心はソ連に対する反共問題というよりも、「満蒙問題」＝満洲国問題そのものであったことがわかる（以下、貴志 二〇一九参照）。

三つの重大事件

「富士倉庫資料」のモンゴル関係写真を時系列に沿って示したのが、図6‐6である。撮影されたのは、一九二九年から四四年まで。台湾関係写真が一九四一年末以降にストックされなくなるのとは異なる。それだけ、「満蒙問題」は軍部との共同歩調をとっていた報道界の関心を引いたのである。以下では、「満蒙問題」に関わる三つの重大事件の戦況写真に注目し、それらの特徴を指摘していきたい。

①熱河事件（一九三三年二月〜五月）

第5章でも触れたように、熱河事件は満洲国が成立した翌年の一九三三年に勃発した戦闘であった。熱河省とは、現在の河北省、遼寧省、内モンゴル自治区にまたがる地域一帯を指す。満洲国成立後に、満洲国軍と関東軍が領土拡大のために熱河に侵攻し、占領。熱河入りした張学良《ちょうがくりょう》軍との間で戦いの火蓋《ひぶた》が切られた。

年	点数	
1928	0	0.0%
1929	37	1.4%
1930	6	0.2%
1931	11	0.4%
1932	69	2.7%
1933	**1,267**	49.1%
1934	**148**	5.7%
1935	48	1.9%
1936	63	2.4%
1937	**134**	5.2%
1938	**139**	5.4%
1939	**415**	16.1%
1940	36	1.4%
1941	13	0.5%
1942	2	0.1%
1943	2	0.1%
1944	1	0.0%
1945	0	0.0%
不明	187	7.3%
計	2,578	100.0%

図6-6　「富士倉庫資料」モンゴル関係写真の年度別受入れ写真点数

開戦から塘沽《タングー》停戦協定が締結されるまでの約三ヵ月間、朝日は事件取材のために従軍特派員を送り込み、空撮を含めた多彩な取材を敢行。東京朝日だけでも特派員記事を含めて一〇〇〇本あまりの記事（うち写真付記事は一〇分の一程度）と、一六本の号外が出されている。戦前・戦中の朝日がこれだけ取材攻勢をかけ、記事やニュース映像を残した事件は、日中戦争を除けば見当たらない。きわめて例外的であった。

「富士倉庫資料」にある熱河事件関連の写真には、いくつかの特徴がある。第一に、新聞社から派遣された記者が従軍していたために、「軍機保護法」との関係が気になるにせよ、各師団、聯隊、部隊の動きがつぶさに記録されていること。また、山海関《さんかいかん》から万里の長城に沿った地域で偵察あるいは空撮のために、自社機および陸軍の軽爆撃機を頻繁に利用していたことである。

第二に、宣撫工作の写真が多いこと。宣撫とは、武力を用いずに物品や医薬品の提供、文化娯楽イベントの開催などで住民を懐柔《かいじゅう》する工作である。この言葉が初めて正式に使われたのが熱河事件のときだったといわれる。一九三三年二月から錦州で関東軍が宣撫工作を始めたときの様子や、朝陽《ちょうよう》での宣撫活動、寛城《かんじょう》での施療班の活動、喜峰口《きほうこう》城内に宣伝ポスターを貼る姿が写真に撮られている（貴志 二〇一〇）。

第三に、積極的にビジュアル・メディアを用いて報道されたこと。熱河事件関連の戦況写真は新聞紙面のみならず、『アサヒグラフ』などのグラフ誌でも使用された。さらに熱河作戦は、ニュース映画でも詳細に伝えられている。朝日が製作したニュース映画には、『風雲急を告ぐる熱河』『皇軍承徳《しょうとく》入城』『護れ熱河を』『熱河大討伐』『皇軍躍進』『熱河討伐』などがある。

第四に、モンゴル人の風俗に関する写真が多いこと。放牧生活というエキゾチックな習俗を取りあげることで、読者の関心を引こうとしたのだろうか。

このように、モンゴル関係の写真報道やニュース映画によって、読者や観客は熱河への関心を高めていったのである。

②チャハル作戦（一九三七年八月～一九三八年一一月）

チャハル（察哈爾）作戦は、一九三七年七月七日の盧溝橋事件の翌月に始まった。紛争の発端は、張家口で起こった二度の張北《ちょうほく》事件にさかのぼる。最初の張北事件は、一九三四年に内モンゴルを調査していた日本軍将校が中国軍に暴行された事件、二度目の張北事件は一九三五年に関東軍の特務機関員が監禁された事件である。いずれも偶発的な事件であった。

日本国内ではそれまで、モンゴル人民共和国（現モンゴル国）やソ連に繋がるチャハル省の地政学的意義はほとんど意識されてこなかったが、二度の張北事件によって、とくに北進をめざす軍部はチャハル省や隣接する綏遠《すいえん》省の重要性を認識。以降、両省は日中の係争の地となった。

図6－7　徳王一行、大阪朝日新聞本社訪問　1938年11月

チャハル省と綏遠省の政治的キーパーソンは、内蒙古自治運動の主導者として期待された徳王《とくおう》（デムチュクドンロブ）である。チャハル作戦の期間に、徳王の名前が登場する記事は、『東京朝日』だけでも一〇〇本近くもあった。また『アサヒグラフ』七八三号（一九三八年一一月九日）でも、「勲一等に輝くアジアの風雲児徳王」といった写真特集が組まれている。記事のなかではとくに、一九三八年に徳王が察南《さつなん》自治政府最高委員の于品卿《うひんきょう》、晋北《しんぽく》自治政府最高委員の夏恭《かきょう》、蒙古軍総司令の李守信《りしゅしん》とともに初来日したときの様子が克明に報じられており、大阪朝日本社を訪問し揮毫《きごう》する写真も残されている（図6－7）。徳王一行への関心の高さがうかがえる。

③ノモンハン事件（一九三九年五月〜三九年九月）

ノモンハン事件は、一九三九年五月に日本軍・満洲国軍の連合軍と、モンゴル人民共和国・ソ連の連合軍との間で起こった局地戦であった。満洲国とモンゴル人民共和国の国境地帯の地名がノモンハンである。モンゴル側では、この軍事衝突をハルハ河の戦いと呼んでいる。

ノモンハン事件は、日ソ両国の代理戦争ともいわれるが、モンゴル人にとっては満蒙間の水源と牧地という死活問題に関わる地域紛争であった。この一帯では放牧に適した平野が広がっていたが、そのために空爆による攻撃が有効であると判断され、両軍とも軍機をさかんに利用した。結果的に空撮写真が多く撮られ、地上戦を戦う兵士や牧民たちの様子が写真に残らなかった。そのことで、事件の被害状況や両軍の戦闘能力の評価について、いまも学界では論争が絶えない。

ノモンハン事件への報道界の関心も高かった。日本本土の新聞社や通信社は、事件取材のために多くの特派員を派遣。図6-8は満蒙国境地帯で撮影された朝日記者たちの集合写真である。また、海外からも強い関心が寄せられていた。図6-9は、戦闘の前線にいる米国UP通信のフレデリック・オッパー従軍記者が、日本軍とともに、死闘が繰り広げられていたバルシャガル高地を取材している様子である。外国人記者が、日本側特派員と行動をともにしていたことがわかる。

しかし、メディアの関心が高かったにもかかわらず、「富士倉庫資料」のノモンハン事件関係写真は必ずしも多くはない。満蒙国境問題がらみの報道は、関東軍によって頻繁に検閲がおこなわれていたからである。とくに最前線では、関東軍の検閲官が記者に随行するなど、取材活動に対する軍の監視は徹底していた。また、戦況写真の没収もあったようである。たとえば、朝日が撮影した満蒙国境の町フルンボイル一帯の写真を関東軍司令部に提出したとき、風俗習慣に関するもの以外、興安嶺《こうあんれい》、博克図《ボグト》、札蘭屯《ジャラントン》、満洲里《マンジュール》などの写真百数十枚がすべて没収された（貴志 二〇一三）。かろうじて残されているのは、満蒙国境地帯のノロ高地、バルシャガル高地、ハイラースティーン河（ホルステン河）、モホレヒ湖、ボイル湖付近での激戦を写した写真、ソ連空軍を撃墜する荒鷲《あらわし》隊の様子、ソ連からの戦利品、捕虜にしたソ連将兵などの写真である。

では、激戦を繰り広げたノモンハン事件は、いかに終結したのか。「富士倉庫資料」には、一九三九年八月にソ連のチタでおこなわれた下交渉や、翌九月にノロ高原で開催された藤本《ふじもと》鉄熊《てつくま》少将とミハイル・ポタポフ少将らによる現地停戦協定の会議のほか、チタやモスクワ、満洲国のハルビンで開催された満蒙国境画定委員会を撮影した写真が残されている。

しかし、いずれの会議でも結論は出ず、最終的には、一九四一年四月二五日に発効した

図6-8　満蒙国境における朝日新聞社特派員　1939年6月

図6-9　ノモンハン事件最前線の米UP通信社記者　1939年9月

「日ソ中立条約」によって国境が画定された。それも、一九四五年八月にソ連がこの条約を破棄して対日宣戦布告をおこない、満洲国内へ軍事侵攻すると、国境問題は再び振り出しに戻った。

数少ないノモンハン事件関係写真のなかには、事件勃発前と思われる貴重な一枚も含まれている（図6－10）。満蒙国境前線に出陣するために集結している日本兵たちの姿である。写真の裏面には、「ノムハン《ママ》事件第一報」「陸軍省許可済　二月三日」と記され、さらに「関東検閲」の文字が赤の二重線で消されている。関東軍と陸軍省がともに掲載許可としていたにもかかわらず、「掲載不可」の印が押されているのはなぜだろう。

この押印は朝日によるものと思われる。報道界に対する検閲は、軍や内務省が主導していたにせよ、新聞社のなかでは国家のプロパガンダに忖度し、自主規制がおこなわれていたことを、「富士倉庫資料」のモンゴル関係写真は示している。

次の第7章では、一九四一年に始まったアジア太平洋戦争を取りあげる。国民にとって、有力な情報源であった新聞社や映画界は、政府や軍のプロパガンダを伝える広報宣伝機関に変質し、当局に命じられるままに「大本営発表」と称して戦況を伝えた。メディアが陥る出口なしの状況を見ていきたい。

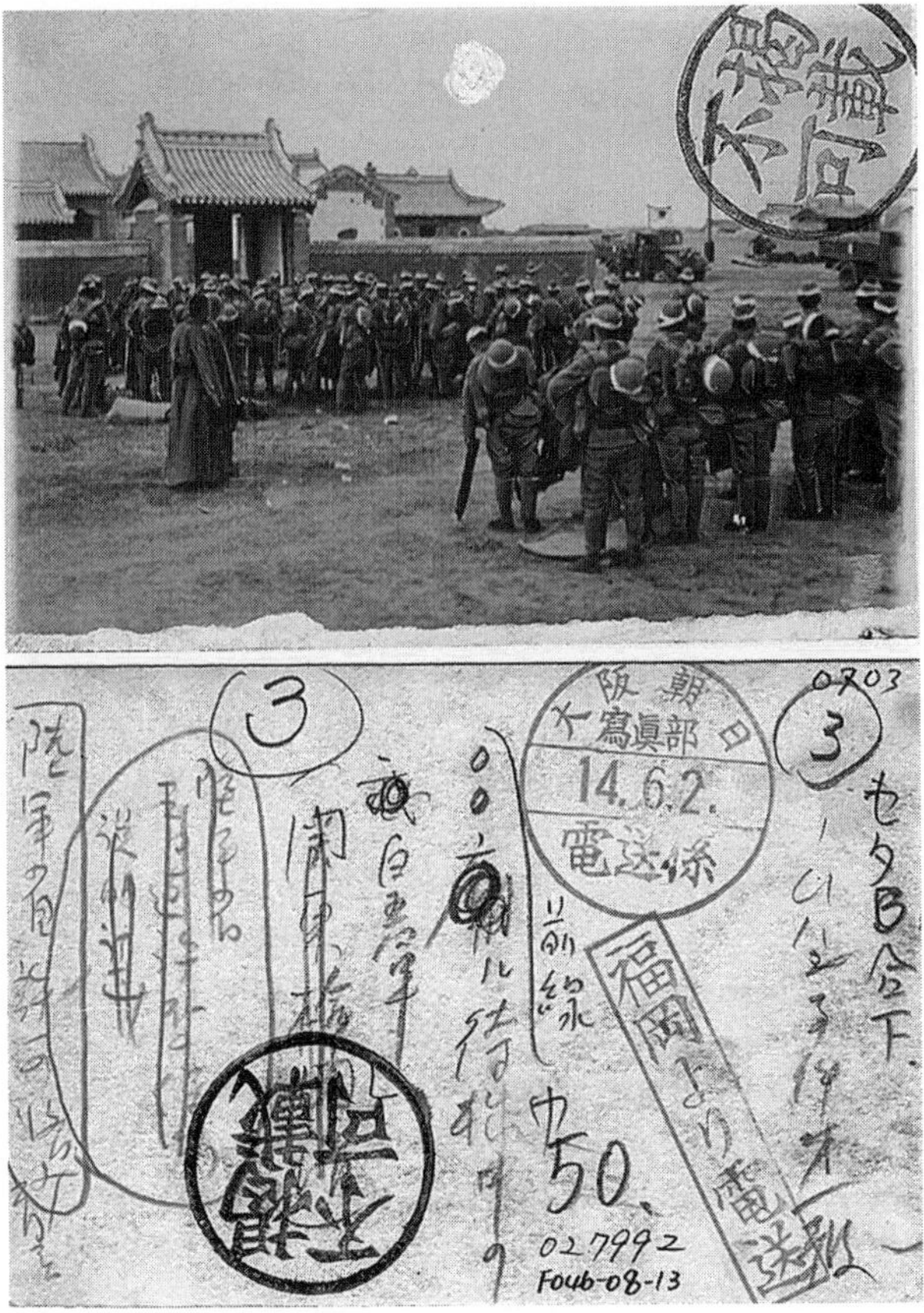

図6-10　「富士倉庫資料」の不許可写真　1939年6月

第7章　アジア太平洋戦争期――ビジュアル報道の衰退（一九四〇年代前期）

一九四〇年代前期は、帝国日本が解体へ向かう時期であった。その決定的契機は、いうまでもなくアジア太平洋戦争における敗北である。

アジア太平洋戦争は、一九四一年一二月八日未明（ハワイ時間では七日）、マレー半島のコタバルにおける日英両軍の戦闘に始まる。その直後に日本海軍は真珠湾を攻撃し、米国との全面戦争に突入。戦域を中国大陸から、東南アジア、西太平洋一帯に拡大していく。

この時期、国民生活の困窮と疲弊は著しく、内閣情報局や特高が進めた言論、報道、文化、国内世論の統制による閉塞感が蔓延《まんえん》する。それまでプロパガンダの浸透に活用されていたビジュアル報道も衰退。こうした状況は、朝日の「富士倉庫資料」が所蔵する一九四〇年代前期の戦況写真が限られていたことからもうかがえる。

英米をはじめとする連合国との国力、武力の差は歴然としていた。帝国の瓦解が進みゆくなかで、プロパガンダはいかなる変遷をたどったのか。「戦争熱」の高揚とともに、報道界が無力にも国家プロパガンダに屈する分岐点となった一九四一年以降の状況を振り返る。

1　国家総動員体制下の言論封殺

新聞メディアの「死」

総力戦体制では、挙国一致の世論の形成が優先すべき課題とされた。一九四〇年一二月に成立した内閣情報局のもとで、報道界も文化娯楽業界も取り締まりを受ける対象となった。さらに、「新聞紙等掲載制限令」（四一年一月公布）、諜報を警戒する「国防保安法」（四一年三月公布）によって、ジャーナリストが自由かつ主体的に取材する際に大きな制限が加えられることになった（貴志 二〇一三）。

報道界にとって致命傷になったのは、一九四一年一一月に閣議決定された「新聞の戦時体制化に関する件」である。この決定のもとで、産業統制機構として統制会を設置。これは、全国の新聞の統合、新設、資材の配給調整をおこない、国策に沿うよう、新聞社の経営と編集の改善を促す組織であった（内川　一九七五）。

その翌月、アジア太平洋戦争が勃発すると、「新聞事業令」「言論・出版・集会・結社等臨時取締法」などが次々に公布された。これらの法令によって、政府は流言飛語を取り締まるだけでなく、時局にそぐわない報道をおこなったと判断した場合、行政処分によって新聞の発行を停止できるようになる（朝日新聞百年史編修委員会　一九九一）。

さらに政府による統制令のもと、東京では国民新聞と都新聞が統合して東京新聞に、愛知では新愛知と名古屋が統合して中部日本新聞（現中日新聞）に、そして福岡では福岡日日と九州日報が統合して西日本新聞になった（宮本　一九八四）。

地方紙は、一九四二年末に「一県一紙」体制をほぼ完了させている。その結果、一九三八年に全国に七三九紙あった新聞が、四二年には五四紙にまで減少。並行して新聞の紙面も減り、毎日の場合、一九四四年三月に夕刊が廃止され、敗戦の前年から朝刊はわずか二頁のチラシのような体裁になる（『毎日』二〇一五年八月一五日）。

こうした統合、再編の動きは各界にも広がる。一九三五年に大日本映画協会が発足、三七年に日本放送協会は政府の統制下に入り、四一年に日本出版配給株式会社や日本音楽文化協会が成立。検閲の強化と統制の拡大によって、帝国日本は、かつてない閉塞した空気に覆われていく。

軍宣伝班と軍報道班

一九四一年九月ころ、陸軍は山下奉文《やましたともゆき》中将を中心に、南方作戦宣伝班の創設に着手。ドイツ、イタリアでの軍事視察から帰国した山下中将は、ナチスドイツの国民啓発・宣伝省（RMVP）傘下の宣伝中隊（PK）のような組織を導入する必要があると説いていた。

軍部に宣伝班が設置されると、その傘下に報道班が成立する。海軍報道班の場合、記事班、普通写真班、映画班、無電班、ラジオ班、作家班、絵画班、検閲班に分けられ、発足当時は二〇〇名ほどの人員を数えた（『読売』一九四二年二月二一日）。一九三〇年代までは、新聞社や通信社から軍に派遣された特派員は、自前の物資で従軍して自らの裁量で取材できていた。しかし、軍報道班の成立によって、新聞社は独自に特派員を送り込むことが困難となり、取材や報道は完全に軍部の管理下に置かれた。

とくに、新聞社の特派員証を持たない記者やカメラマンは、次々に徴用されたが、軍報道班員（徴用記者）となった者は少なかった。逆にいえば、それまで新聞社や通信社の特派員証を持つジャーナリストは徴兵の対象にならず、徴用された兵士よりは身の安全を確保できたわけである。特派員証は、前線に身を置きながらも、特権の証《あかし》であった。

軍部による検閲が強化されるにつれ、前線という限定された報道空間では、特派員の数が減り、軍報道班員が大半を占めていく（朝日新聞百年史編修委員会 一九九一）。重要な記事には、「(大本営) 陸軍報道部派遣本社記者」「海軍報道班員某特派員」などと記され、記者独自の視点は盛り込めなくなる。軍部の方針や意向は絶対であった。ただ、同盟通信を介すれば、「○○基地○○海軍報道班員（○○新聞社）」といった但し書き付きで、新聞紙面にニュースを掲載することもできたという（毎日新聞社終戦処理委員会 一九五二）。

このように、大本営や同盟通信が情報や報道を独占したことにより、ニュースの配信は滞り、紙面に掲載される戦況写真は激減する。

大本営発表の虚構

軍部の最高統帥機関である大本営が戦争報道を独占するようになったのは、じつはアジア太平洋戦争勃発の当日からであった。むろん大本営による報道は、それ以前からおこなわれていたが、新聞の天気予報欄なども軍事機密扱いにして管理統制するようになったのは、この戦争からである。報道体制という点から見ても、日中戦争勃発当時とは決定的な違いがあった。これに連動して、朝日社内では「報道部発表以外は書かぬよう」「大本営の許可したるもの以外一切掲載を禁ず」といった通達が出される（朝日新聞「新聞と戦争」取材班 二〇〇八）。

図7－1　『FRONT』特別号　1945年

先述したように、戦争勃発直後に公布された「新聞事業令」などによって、新聞は報道機関と自称しながらも、その実態は完全に国家の宣伝機関に化していた。記者の仕事も、軍部や政府機関が作成した文案を整形するだけの業務となり、本来の価値を失っていた（貴志 二〇一三）。戦局が悪化すると、大本営の発表はいっそう軍部に都合の良い事実だけを伝えるようになり、戦局情報さえ歪曲《わいきょく》、捏造《ねつぞう》したのである。

新聞社独自の視点といえば、地域のローカル記事に限定されるようになる。銃後を守る人びとの苦労話や本土空襲の被害、特攻の英雄譚。しかし、報道の魅力を失った新聞の売り上げは鈍化の一途をたどっていく。カメラマンの活動も制限され、グラフ誌は陸軍参謀本部傘下の東方社が発行する『ＦＲＯＮＴ』（一九四二～四五）など数える程度となった。

一九四五年には、その『ＦＲＯＮＴ』も停刊となる。図7－1は、『ＦＲＯＮＴ』最終号・特別号「戦時東京（タタカウトウキョウ）」の表紙である。戦争の終盤でありながら、表紙はオフセット五色で印刷されていることから、陸軍からそれなりの資金が提供されていたことがわかる。本文の説明は中国語で書かれており、写真のキャプションはすべてカタカナ。中国大陸に発送することが不可能な時代であっただけに、発売の意図は不明である。なかでも興味深いのは、空襲で甚大な被害に遭っていた東京について、空襲前の風景写真を並べ、若者や子どもたちの姿をとおして「近代化的東京」と宣伝しているところだろう。プロパガンダ雑誌の面目躍如といえようが陳腐な内容であった。

大東亜共栄圏構想の流布

一九四三年一一月五〜六日、連合国と対抗するために国防を強化する一環で、大東亜会議が開かれる。中華民国（汪精衛《おうせいえい》〔兆銘《ちょうめい》〕政権）、満洲国、タイ王国、フィリピン共和国、ビルマ国、そしてオブザーバーの自由インド仮政府の代表者たちを前に、共存共栄の秩序を建設する「大東亜共同宣言」が発せられた。各国との交流、人種差別の撤廃、文化の交流が謳われたが、帝国日本の本音は参加国の人的物的資源にあったのだろう（貴志 二〇〇五）。

そのためにも、大東亜共栄圏というあいまいな秩序構想を普及、流布させねばならない。そこで利用されたのが、新聞と出版、文化娯楽、そして博覧会である。たとえば、大日本雄

図7－2　児童向け『ダイトウアキョウドウセンゲン』 1944年

弁会講談社から絵本の『ダイトウアキョウドウセンゲン』（一九四四年二月）が出版されている（図７-２）。戦争がらみの漫画やゲームが流行し、子ども向けに戦争紙芝居やアニメの上映会、ＳＰレコード鑑賞会が開かれた。大東亜共栄圏という構想とイメージは、子どもたちの遊びにまで浸透していく。

台湾沖航空戦の「誤報」

大本営による戦局情報の歪曲、捏造としてよく取りあげられるのが、一九四二年六月のミッドウェー沖海戦、四四年一〇月のレイテ沖海戦と台湾沖航空戦である。いずれも日本海軍の損害を隠し、米軍に対する戦果を誇張した記事を書かせている。

ここでは、台湾沖航空戦について取りあげよう。朝日に掲載された台湾沖航空戦の記事「大本営発表　昭和一九年一〇月一九日一八時」には、一二日から台湾東方の海域で日本軍の航空部隊が連合国軍の機動部隊を邀撃《ようげき》し、航空母艦、戦艦などを撃破したとの戦功が書かれている（『朝日』一九四四年一〇月二〇日）。

にもかかわらず、紙面に掲載された写真は、基隆《キールン》市西町で撃墜されたグラマン戦闘機の残《ざん》骸《がい》のような写真だけであった。大本営は過大な「戦果」を誇示する一方、その証拠となる写真を掲載することなどなかった。

この戦闘の実態はどうだったのか。台湾沖航空戦では、米海軍の空母や戦艦は一隻も沈んでおらず、日本軍は航空機三〇〇機以上を失う惨敗であった。海軍は「誤報」を把握していたにもかかわらず、陸海両軍のセクショナリズムによって陸軍参謀本部には通知しなかった。その結果、レイテ島の戦いに、撃破したはずの米空母や艦載機が現れ、陸軍部隊は壊滅的打撃をこうむる（『読売』二〇一八年八月一五日）。こうした大本営による大規模なフェイクニュースは、自国を苦境に追い詰めることになった。

「誤報」に関する報道側の責任も指摘される。日本の新聞社は、一九四五年八月二六日の最後の大本営発表まで、軍や政府からの発表を検証せず、そのままのかたちで記事にして掲載しつづけた。プロパガンダを司《つかさど》る大本営が一九四五年九月一三日にＧＨＱ（連合国軍総司令部）の指令によって解体された後でも、新聞社はながらく大本営の実態を明らかにすることはなかった。

新聞社が自らの戦争責任に正面から取り組んだのは、戦後六〇年が意識され、国民の七割以上が戦後世代になった二〇〇〇年ごろである。読売は社内に「戦争責任検証委員会」を設置し、二〇〇五年八月から一年間、特集記事を連載。翌年、書籍化された『検証 戦争責任』は、英語版と中国語版でも刊行された。昭和期の一連の戦争を「昭和戦争」として、各界指導者の戦争責任を解明するものであったが、新聞社自体の責任は後景に退いている。

朝日は二〇〇七年四月から約一年間、「新聞と戦争」と題した長期連載記事を掲載する。戦後に新聞社が自らの戦争責任を全面的に論じたのは、これが初めてのことであったろう。翌年に『新聞と戦争』として書籍化された。

2　国防のための台湾の「内地化」

台湾軍司令部の検閲

この時期の植民地は、どのような状況にあったか。ここでは、台湾について取りあげよう。日中戦争勃発直後から、台湾総督府は報道界、出版界の統制を進め、検閲の範囲を一般風俗から軍事情報、思想、政治・経済情報、さらに個人情報へと拡大していった。当時の台湾総督は、二・二六事件後に海軍を追われて予備役に編入させられた海軍大将小林躋造《こばやしせいぞう》、そして海軍大将長谷川清《はせがわきよし》、陸軍大将安藤利吉《あんどうりきち》が就任しており、武官総督がつづいていた。

日本本土と同様に、台湾の戦時体制を支えたのは、一九三八年五月に施行された国家総動員法であった。同法が示す国防目的達成のために、さまざまな分野で人的物的資源を統制運用する法令を布告。言論・出版関係では、一九四一年一月に「新聞紙等掲載制限令」、同年一二月に「新聞事業令」、四三年二月に「出版事業令」が公布され、台湾総督の責任のもとで、総督府や各州庁による検閲や事業統制が進められた。

また、これらの法令とともに、本土からはやや遅れて一九三九年六月に「軍用資源秘密保護法」、四一年五月に「国防保安法」も施行されている。これらは軍事、外交、財政、経済などの機密情報の保持を厳しく義務づけた法令であった。

こうして台湾総督の統制権が拡大するのと並行して、台湾軍司令部の検閲体制も強化されていく。一九四〇年八月二日に「国防思想の普及、輿論《よろん》指導の重要性益々増大せるに鑑《かんが》み新情勢に即応し」、軍報道部が新設された（『東京朝日』一九四〇年八月三日）。本土と同様に、新聞社や放送局の独自取材や情報選択は排除され、すべては台湾軍報道部の検閲をとおさなければならなくなったのである。

そのひとつの例として、一九四〇年一〇月台湾神社前の御輿《みこし》を撮った朝日の「富士倉庫資料」の写真がある。じつは写真の裏側が重要で、そこには軍や憲兵隊の検閲の形跡を見ることができる。大阪朝日台北支局長の長縄俊三《ながなわしゅんぞう》が「軍事記事掲載許可願」を提出したこと、台湾軍報道部が審査し、台北憲兵隊本部も検閲を進めていたことがわかる（貴志 二〇一三）。検閲の手は、こうした日常風景まで「軍事記事」の対象としていたのである。

特別志願兵制度

台湾では、一九四一年四月に皇民奉公会が発足している。皇民奉公会は、皇民化運動の推進機構として、本土の大政翼賛会と同じ役割を担っていた。台湾の各州庁、市、郡、街、庄それぞれの地域レベルで組織化され、さらに年齢別、職業別の奉公会——演劇挺《てい》身《しん》隊、学徒奉公隊、商業奉公団、台湾医師奉公団、台湾宣伝美術奉公団、従軍紀念会など——も存在していた。これによって、台湾人や大陸華僑、さらに本土から移民した日本人も含む、全島の総動員体制が成立した（台湾・文化部国家文化資料庫）。

一九四一年になると、それまで「南進の拠点」であった台湾について、「台湾の内地化」が提唱されるようになる（後藤 二〇一〇）。こうして「台湾は大東亜共栄圏の中心」として位置づけられ（図7-3）、国防のための地政学的重要性が強調されることにより、台湾人も陸軍特別志願兵制度の適用対象となる。準備段階における骨子は、以下のとおり（『東京朝日』一九四一年六月二一日）。

一　従来の兵役法は戸籍法の適用を受け、日本本土に本籍を有するものだけに適用されているが、今回勅令をもって台湾人にも特別の志願兵制度を設けて兵役に服する途を開いた。

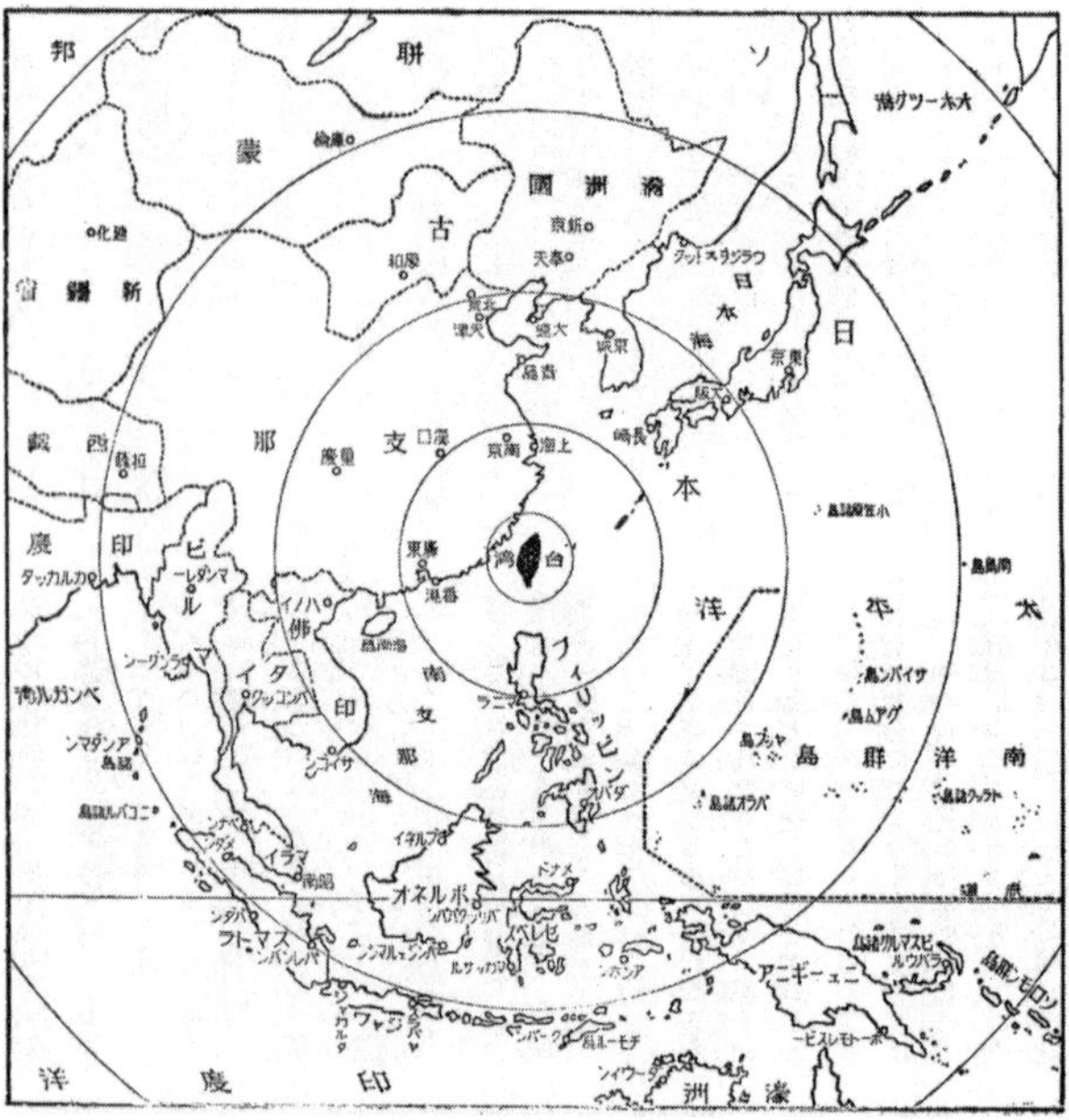

図7－3　地図「台湾は大東亜共栄圏の中心」

一　昭和一七年春から実施する予定で本年〔一九四一年〕一二月ごろ台湾特別志願令の勅令公布の手続をとり台湾総督府において直ちに施行の準備に着手する。

一　志願兵応募の年齢は内地同様一八歳以上となる予定。〔以下略〕

同時期、台湾原住民からなる高砂《たかさご》挺身報国隊（第二回募集以降は高砂義勇隊と改称）も組織されている。数千人が軍属扱いの志願兵として出兵したが、そのうち半数が戦死。フィリピンに渡った約五〇〇人も、バターン作戦やコレヒドール島攻撃に加わる。特攻隊員として動員された者もいたが、アメーバ赤痢にかかって帰還した者を除いて、全員が戦死したという（『朝日』一九九三年一〇月二一日）。

一九四三年三月に兵役法が改正されると、五月一二日には朝鮮、台湾でも海軍特別志願兵制が施行され、その予備訓練を年度中に開始することが発表された（『毎日』一九四三年五月一三日）。

台湾での徴兵

台湾で検閲と統制が進むなかで、この時期に現像された写真にはいかなる意図が込められていたのだろうか。

アジア太平洋戦争勃発の日、台湾総督の長谷川清は、「総督諭告」を発し、帝国日本の対英米宣戦布告を支持し、協力することを宣言（台湾総督府情報部 一九四二）。そして翌一九四二年一月、台湾総督府は皇民奉公会と連携を強化するため、専属職員がいない臨時情報部を廃止し、新たに総督官房内に情報課を設置した。情報課には、総務、情報、報道、文化、芸能のほか、皇民奉公を加えた六係が設けられ、国策遂行のために情報収集や啓発宣伝を強化

する（『大阪朝日 台湾版』一九四一年一一月二九日）。

台湾での徴兵制施行から半年ほど前の一九四四年二月、朝日は報道写真集『南方の拠点・台湾』（一九四四A）を発売する。この写真集の冒頭に「台湾同胞に徴兵制 閣議決定 昭和二〇年度から実施」との記事が転載されている。徴兵制も台湾開発の成果のひとつであることが強調された。

この写真集掲載の写真は、すべてが検閲されていた。表紙の飛行機の写真は、陸軍省および陸軍航空本部の検閲済と記され、本文写真は台湾総督府、台北憲兵分隊、基隆要塞司令部、高雄《たかお》要塞司令部、高雄警備府の検閲済とある。検閲に関わる機関が増加の一途をたどり、制度自体も複雑化していた。

検閲とともに統制も進む。一九四四年、台北の『台湾日日新報』『興南新聞』、台中の『台湾新聞』、台南の『台湾日報』、高雄の『高雄新報』、花蓮《かれん》の『東台湾新報』の六紙が、『台湾新報』として統合される。むろん新聞だけではなく、「決戦非常措置要綱」「学徒動員実施要綱」「台湾戦場態勢整備要綱」が発表され、台湾が有するあらゆる人的物的資源を戦闘に活用すべく、決戦戦力への組織化が進められたのである。こうして統制が進むなか、この年の九月一日に徴兵制が執行される。この日を「記念日」として、全島で記念文化映画が上映されたり、記念展覧会が開催されたりしたという（『毎日』一九四四年九月一日）。

図7-4　朝日『大東亜戦争と台湾青年』1944年

このときも朝日は、台湾で徴兵制を浸透させるために、新たな報道写真集『大東亜戦争と台湾青年』（一九四四B）を発売する。口絵には台湾軍司令官安藤利吉大将の肖像写真が掲載され、「徴兵制実施」「徴兵への道」（図7-4）と題した写真が誌面を飾った。その他の記事からも、台湾の徴兵制、総動員体制をアピールする意図が読み取れる。ただし実際には、台湾での兵士の徴集は、一九四五年四月にずれこんでいた。「玉音放送」の四ヵ月前のことであった。

特別志願兵制度および徴兵制によって戦死した台湾人は、約三万三〇〇〇人といわれる。国民党政権の時代には実現しなかったが、二〇〇四年にようやく高雄市に台湾無名戦士記念碑が建立された。

台湾の「内地化」による地政学的な変化は米軍も認識していた。一九四二年二月以降の本土空襲、四四年一〇月以降の沖縄空襲よりも前に、台湾へ激しい爆撃がおこなわれていた。台湾で空襲にあったのは、軍事施設を有する台北、基隆、高雄、花蓮などである。一九四五年に入ると、空襲は「盲爆」から絨毯《じゅうたん》爆撃に移り、各地で民間人が犠牲になった。五月三一日には、台北市でも無差別爆撃がおこなわれた。このときの死亡者は約三〇〇〇人、重軽傷者は数万人にのぼった（甘・張二〇一五）。米軍による空襲は、日本本土のみならず、台湾や東南アジア各地でつづく。

しかし、こうした日本本土以外の地域で激しい空襲があったことは、日本の報道界も学術界も、戦後に取りあげることはほとんどなかった。NHKが二〇二一年末に放映した「空の証言者～ガンカメラが見た太平洋戦争の真実～」は、その事実を初めて明らかにした衝撃的な番組であった。

南方戦線の報道

日本軍が台湾を拠点に南進政策を進めていくなかで、南方の日本軍政地域にはプロパガンダ浸透のために現地新聞社が設立された。最後に南方戦争での報道状況を見ていきたい。

一九四二年一〇月に陸軍は「南方陸軍軍政地域新聞政策要領」を、同年一二月に海軍は

「南方海軍軍政府地方新聞政策要領」を公布。これによって、日本本土の新聞社は、南方の現地新聞社を組織する任を負うことになる。たとえば、朝日は旧オランダ領（現インドネシア）のジャワ島とボルネオ島、大阪毎日・東京日日はフィリピン諸島とセレベス島（現スラウェシ島）、読売報知はビルマと旧オランダ領モルッカ諸島南部のセラム島、同盟通信社を中心とした地方新聞社連合はマレー半島、昭南島《しょうなん》（現シンガポール）、旧オランダ領のスマトラ島とボルネオ島を指導する立場であった（早瀬 二〇一六）。新聞社は、国家プロパガンダ機構に組み込まれていたのである。

南方戦線の写真の輸送には軍の飛行機が使われた（石井 二〇〇八）。写真は台北や上海まで空輸され、その地から東京に電送された。一九四四年七月のサイパン島陥落によって帝国日本の絶対国防圏（戦争遂行のために不可欠とされる領域）が崩壊すると、台湾だけが南方戦線の情報を東京に写真電送できる情報拠点になる。先述したスローガン「台湾は大東亜共栄圏の中心」（図7-3）は、南方戦線と日本本土を結びつける台湾の重要性を表象したものでもあった。

一九四五年六月には、台湾や朝鮮などの植民地を含めた帝国日本全域に「戦時緊急措置法」を施行。政府は本土決戦に備えて広範な命令権を含む委任立法権を規定した。これは事実上の議会制度の解体であった。帝国日本は、舵《かじ》を持たない船舶群のような状態になり、合議的な判断で終戦を決めることができない状況に陥る。

一九四五年八月一五日の無条件降伏受諾の「玉音放送」を経て、同月二八日からGHQによる占領の時代に入る。終章では、敗戦直後の日本の体制変動のなかで、プロパガンダを担う主体がどのように変化したのかを見ていく。

終章　敗戦直後——占領統治のためのプロパガンダ（一九四〇年代後期）

一九四五年八月以降、帝国日本はＧＨＱ（連合国軍総司令部）の特殊な占領統治下に置かれる。[*] 本章では、一九五二年四月二八日にサンフランシスコ平和条約が発効するまで、ＧＨＱが日本の占領統治を進めるうえで、「終戦」処理とプロパガンダの内実がいかなるものであったかを明らかにするために、ふたつのトピックを取りあげて締めくくりたい。

ひとつは、「終戦」時期についての問題である。八月二八日にチャールズ・デンチ大佐率いる連合軍先遣隊の来日から始まる、ＧＨＱ占領統治時代を中心としながら、沖縄の本土復帰に至る七〇年代までを射程に入れて検討する。ＧＨＱの中核にあった米国は、帝国日本の軍国主義体制を解体し、戦後改革を円滑に進めるために新旧の機構や制度を利用し、日本に「終戦」意識を徹底させようとした。

いまひとつは、米国の占領統治には地域によって偏差があったという問題である。米国は、空間かつ時間に応じて戦後世界の占領統治を巧妙に進めた。本章では、連合国による占領統治が進められた日本本土と、米軍によって軍政が施行された沖縄の違いに注目し、それらを主導した米国のプロパガンダ術とはいかなるものであったのか、それぞれの地域でビジュアル・メディアはどのように活用されたのかを見ていく。

〔＊この時期の日本本土の統治実態は、戦後賠償履行まで一部施政権を制限する「保障占領」が貫徹したわけでない（一九四七年五月二日に大日本帝国憲法が失効するまでは大日本帝国政府、その翌日からは新たに成立した日本国政府による間接統治方式）。さりとて国際法上でいう戦時占領＝軍政が実施されたわけでもない。そうした特殊な戦後統治のあり方は、学界でも議論が定まっていない〕

1 多様な「終戦」像

「終戦の日」の解釈

日清戦争から約五〇年間つづいた「戦争の時代」は、いつ終わったのだろうか。

まず思い浮かぶのは、八月一五日の、いわゆる「終戦の日」である。映画にもなった半藤《はんどう》一利《かずとし》の小説『日本のいちばん長い日』によって、八月一四日の宮城事件（クーデター未遂事件）から翌一五日の昭和天皇の「玉音放送」までの二日間に、戦争終結をめぐる攻防があったことはよく知られている。では「玉音放送」が、戦争の終結であったのだろうか。政府・軍部でポツダム宣言の受諾が決定されたのは、確かに前日の八月一四日に開かれた御前会議の場であった。しかし、一五日の「玉音放送」は、昭和天皇が国民に向けて無条件降伏を受諾する意図があることを伝えた放送にすぎなかった。連合国側にとって実効性はなかったのである。

二番目にあげられる「終戦」の日は、米戦艦ミズーリ号上で降伏文書に調印がおこなわれた一九四五年九月二日である。天皇および政府の命により外務大臣重光葵《しげみつまもる》、大本営（「大本営令」は一一月三〇日に廃止）の命により参謀総長梅津美治郎《うめづよしじろう》の二名が全権代表となった。無条件降伏の具体的な内容は、日本軍および日本国民による敵対行為の停止、軍用・非軍用資産の温存、連合国軍最高司令官のすべての要求の執行など。これらの実行を帝国日本が約束するというものである。降伏文書をもとに、同日に昭和天皇は「降伏文書調印に関する詔書」を発布。日本軍の武装解除が命じられる。この詔書に基づいて、陸海軍は武装解除するとともに、一九四五年一一月に陸海軍両省は廃止され、翌月に陸軍省は第一復員省、海軍省

毎日新聞 The Mainichi （日刊） 昭和27年（1952年）4月28日 （月曜日）

きょう国民待望の独立

国際社会へ復帰
前途の荒波に新たな覚悟

日華交渉妥結す
きょう午後三時に調印

占領秘録

独立おめでとう

大和銀行

図終－1　『毎日』日華条約締結の記事　1952年４月28日

は第二復員省に改組された（『朝日』一九四五年一二月一日）。

しかしながら、この降伏文書は日本の無条件降伏を含めたポツダム宣言の受諾を定めたものであったために、連合国の対日戦闘行為を停止するかどうかは明文化されていない。

三番目にあげられるのは、日本と連合国との間で締結されたサンフランシスコ平和条約が発効した一九五二年四月二八日である。平和条約の第一条には、日本が主権国家として「独立」するとの一文の前に、「日本国と各連合国との間の戦争状態は、……［この条約が］効力を生ずる日に終了する」とある。これによって、英米両国をはじめ、四八ヵ国の調印国との間で終戦が了解されたわけである。一方、この条約に調印（批准）しなかった国々については、後述する。

では、日本の主権が回復したこの四月二八日は、国民にどのように捉えられていたのだろうか。それを示唆するのが、図終-1の記事に挿入されている、那須良輔《なすりょうすけ》の風刺画である。吉田茂首相が国民大衆をほったらかしにしたまま、「追放解除組」や「脱税組」と乾杯している挿絵には、台頭する旧勢力を茶化す意図が込められている。

那須といえば、日中戦争開戦の翌一九三八年に実業之日本社の従軍記者として中国に渡り、本隊から漢口《かんこう》の司令部報道班に転属して地元民向けの宣伝ポスターや宣伝ビラ（伝単）を作った人物として知られる。帰国後は大本営参謀本部で宣伝ビラに漫画を描くなどプロパガンダ・メディアの製作にも従事。戦中にプロパガンダ工作に従事した那須のような人物でさえ、飢餓の時代を経て日本が迎えた主権回復には冷ややかな目を向けていたのである。

ひとつひとつの「終戦」

対戦国との「終戦」の問題について、もう少し掘り下げてみたい。

日本政府は、サンフランシスコ平和条約に調印（批准）しなかった／できなかった国々——ソ連、中華民国、中華人民共和国、大韓民国、朝鮮民主主義人民共和国、フィリピン、ビルマなど——とは、個別に外交交渉を進めていく。戦後賠償をODA（政府開発援助）に代

図終－2　日中平和友好条約締結の記事　1972年９月29日

替させるなどして、外交関係の樹立や平和条約の締結を進め、各々と「終戦」を結実させている。

たとえば、日本と中華民国の場合、一九五二年四月二八日のサンフランシスコ平和条約発効と同日に、日華平和条約が締結された（図終－1）。第一条には、日本国と中華民国との間の戦争状態は、この条約が効力を生ずる日（八月五日）に終了すると明記されている。

ところが、一九四九年に大陸の「中国」を継承した中華人民共和国との関係は未定のままである。のちに冷戦下の米中宥和《ゆうわ》の流れのなかで、一九七二年九月二九日に中国とは日中共同声明が調印され、国交が結ばれる。図終‐2の記事には「戦争終結を確認」という言葉が見られる。日中共同声明によって、ようやく日中両国の「不正常な状態」＝法的な戦争状態が終了したのである（川島・貴志 二〇〇八）。

同時に次のようにも考えられる。日本は一九四五年に片務的に「終戦」を唱えたものの、中華人民共和国は建国の一九四九年から二〇年あまり、日本との関係を停戦状態にあると認識し、有事の準備を怠っていなかった。中華人民共和国に限らず、サンフランシスコ平和条約に調印（批准）しなかった国々は、日本との間で平和条約を調印するまで、いずれも同様な認識を持っていたとも考えられる。朝鮮民主主義人民共和国とは、いまだに停戦状態がつづいている、といえようか。

さらに、沖縄の場合を見てみよう。沖縄の「終戦」は、日本本土よりも早く、一九四五年九月七日に宮古島の第二八師団の納見敏郎《のうみとしろう》中将、奄美大島の陸軍少将高田利貞《たかだとしさだ》、海軍少将加藤唯男《かとうただお》らが米軍に対して降伏文書に署名したときだといわれている。しかし、一九七二年五月一五日に日本への本土復帰を果たすまで、米軍による軍政統治がつづく。

このように、「終戦」のあり方はじつに多様であった。それは国内各地域によって様相が異なっていたことにも見られる。背景にあったのは、東西冷戦の影響である。日本本土は一九五二年に主権が回復したものの、沖縄の状況は先述したとおりであったし、伊豆諸島（一九四六)、トカラ列島（一九五二)、奄美群島（一九五三)、小笠原諸島（一九六八)、北方四島(未返還）は、一九四五年以降も米国やソ連の占領が継続していた（カッコ内は本土復帰の時期)。

また、「終戦」の受け入れ方も、各地で違ったものであった。日本国内では、米軍によって原爆が投下された広島や長崎、直接の戦争の場となった沖縄、大規模な空襲を受けた東京、横浜、大阪、名古屋、北九州など。これらの都市と、空襲をほとんど経験しなかった札幌、福島、京都、金沢、松江などとは、占領統治への感情や思いに違いがあったのは当然であったろう。

2　GHQ占領下の日本

占領統治の開始

GHQによる占領統治の時代を見ていくと、英米などの連合軍が戦争状態を「停止」していた時期にすぎなかったことがわかる。GHQは日本の軍事兵器や軍需工業、関連する研究機関を徹底的に破壊しながら、「敵国日本」の占領統治を執行する機関の整備や、再開されるかもしれない有事への準備も忘れてはいなかった。

ただ連合国による占領統治といっても、帝国日本の統治システムを一新したわけではなかった。軍国主義体制を司る大本営、陸軍省、海軍省などの軍組織と、旧体制の行政システムのうち思想の取り締まりを担当した内務省や特別高等警察（特高）を解体したが、その他の行政機関や普通警察は、占領統治が円滑に運ぶよう残された。

帝国日本のシステムを一部利用した米軍の統治を具体的に見てみよう。GHQ参謀第二部（G-2）は、占領統治や冷戦秩序を構築するにあたり、有益と思われた一部旧日本軍の将兵や政治家たちの戦争責任は不問とされた（荒 一九九四）。また、占領統治の宣伝に役立つと考えられた新聞も、一紙も廃刊されることなく戦後に引き継がれた。今日までつづく記者クラブも解体を免れた。その結果、メディアの戦争責任論は敗戦直後に一時取りあげられたものの、その後は沈静化した。

占領統治する側のGHQも、問題を抱えていた。GHQのもとには、AFPAC（米国太平洋陸軍最高司令官総司令部）とSCAP（連合国軍最高司令官総司令部）のふたつの組織があった。前者は実質的に米軍単独の司令部であり、後者は各国軍連合の指揮機関であった。占領統治は、こうした二重の権力構造のもとで進められたため、米国とそれ以外の国との間で利害対立や矛盾が生じることもあった。連合国軍最高司令部マッカーサーと、イギリス連邦占領軍のセシル・バウチャー少将との確執は有名な話である(バウチャー 二〇〇八)。

さらに米国自体についていうと、民主党の大統領トルーマンがトップの座についていたため、共和党寄りの連合国軍最高司令官マッカーサーへの風当たりが強かった。最後には、トルーマンがマッカーサーを解任する。こうした占領軍内部での矛盾、占領統治をめぐる両党のイニシアティブ争いは、確かに存在していた。

占領する側もされる側も、新しい局面において、自らの秩序回復と統治に好都合なシステムを温存あるいは導入し、戦後日本の再建を進めた。敗戦後の日本は、複合的な政治勢力によって形づくられたのであり、複雑な様相を呈していたのである。少なくとも一枚岩の占領軍による一方的なお仕着せなどではなかった。

占領下の検閲と教育啓蒙活動

一九四五年九月一〇日、米軍単独の占領機関であったAFPACは、「新聞報道取締方針」「言論および新聞の自由に関する覚書」を発布。九月二一日には、「日本新聞規則に関する覚書」、いわゆるプレスコードが施行された。後者の第一項には、大本営がおこなったようなデマ情報に対する警告や、真実と事実に即して報道する方針が明記されている。ただし、これらの方針は米軍が提示した言論・報道の自由のあり方にすぎなかった。占領統治に支障をきたす米軍の暴行事件や原爆・空爆の被害状況には触れてはならないという制限があったことを見過ごすことはできない（今西 二〇〇八）。

一九四五年一〇月二日、GHQ傘下にSCAPが設置されると、その二日後には日本政府に対して、「政治的、公民的及宗教的自由に対する制限除去の件（人権指令ともいう）」を通知。その結果、戦時期の表現や報道を規制する根拠であった治安維持法、軍用資源秘密保護法、軍機保護法などの廃止を決定。同月九日、東久邇宮稔彦《ひがしくにのみやなるひこ》内閣に代わって成立した幣原喜重郎《しではらきじゅうろう》内閣は、通知のとおり一五の法律・法令を廃止した。

GHQは一〇月八日から、同盟通信社に対しておこなっていた事前検閲を、朝日、毎日、読売報知、日本産業経済、東京新聞の五社に対しても同様に適用。GHQの事前検閲制度は一九四八年七月一五日までつづくが、その後も撤廃されたわけではなかった。事後検閲がつづいたからである（『東京朝日』一九四八年七月一六日）。

検閲自体は、G-2所管のCIS（民間諜報部）に属するCCD（民間検閲局）がおこなっていた。CCDの運営に多くの日本人の検閲スタッフが関与していたことは、近年明らかにされている。

ただし、当時の厳しい検閲は、CCDによる一方的なものとはいいきれない面もあった。新聞社や出版社は、それなりの対策を講じていたからである。朝日は、戦時中に設置されて終戦時に整理縮小された査閲課を自社検閲のために大幅に復活させ、『マ司令部の新聞検閲報告』なる定期報告書を作成。また毎日は、「検閲の指針」というメモを作成し、自社検閲を推進（山本 二〇一三）。GHQの制度が事後検閲に移行してからは、新聞社はより慎重な体制を取り、自社検閲の度合いを高めていたのである。

放送、出版、映画、演劇などでも同様に統制や検閲がおこなわれた。一九四五年九月二二日に「日本放送遵則」、いわゆるラジオコードが発せられ、二九日には「新聞・映画・通信に対する一切の制限法令を撤廃の件」が指示された。映画については少し遅れて、一九四六年に「映画検閲に関する覚書」、すなわちピクトリアルコードが発布され、CCD内のPPB（プレス・映画・放送課）が検閲を担当したほか、後述するCIE（民間情報教育局）も、のちに映画台本の事前検閲や完成フィルムの検閲にも関与する（谷川 二〇〇二）。しかし、それぞれの業界では、CCDの検閲を回避するような工夫も進められていたわけである。

こうした複数の検閲システムの導入は、GHQが占領統治を円滑に進めるために、それだけ報道界や文化娯楽業界の役割を重視していたからにほかならない。

CCDが検閲機関であったのに対して、CIEは戦後のプロパガンダの実施や教育改革を担った組織であった。CIEがいう教育啓蒙活動、裏返せばプロパガンダ術には、一九四六年三月から東京、横浜、名古屋、大阪など二三の大都市に設置したCIE図書館（図終-3）

図終－3　東京のCIE図書館　1947年10月

や、翌年四月ころから上映され始めたCIE映画、別名ナトコ（NATCO）映画がある。

CIE映画とは、占領軍が全国の自治体にナショナル・カンパニーの一六ミリフィルム映写機を配布して、映像フィルムやUSIS（米広報文化交流局）の啓蒙教育フィルムを日本人に普及させる試みであった。多くの日本人は、CIE映画やCIE図書館から、米国式の生活、文化や科学知識、風景や習俗、さらには米国式民主主義を知り、占領統治の根幹である「戦後の民主化」概念を受け入れることになる。さらに米国が説く、原子力の平和利用や宇宙開発にも共鳴していく（土屋・吉見 二〇一二）。

図終－4　GHQ公衆衛生福祉局が用いた紙芝居

CIE図書館やCIE映画についての評価は、いまだ確定してはいない。CIE映画については、一九五一年七月までの観客動員数が合計九億四五〇五人あまりであったこと（当時の人口は約八四五四万人）、三三〇作品のうち七三作品は五〇〇万人以上、一八作品は七〇〇万人以上が見ていたことから（土屋 二〇〇九）、日本人一人あたり七本ほどの作品を見ていたと試算される。当時の人びとがどのように映画の内容そのものを受容していたかは別としても、CIEは日本人が戦前からなじみのあった映画という大衆メディアを用いて、価値観の転換を試みていたことははっきりしている。

また、GHQは、戦時中に日本軍がプ

ロパガンダ術のひとつとして積極的に活用していた紙芝居も利用していた。SCAPの成立と同日に発足したPHW（公衆衛生福祉局）のクロフォード・サムス局長の資料がフーヴァー研究所に所蔵されているが、所収写真にはその様子が写っている（図終-4）。PHWは、医薬分業に反対する日本医師会と対立しながらも、厚生政策の改革に着手した。なにより占領統治を推進するGHQ関係者の健康を保護する必要からも、公衆衛生の意識を日本人に徹底させる必要があったからである。

3　米軍占領下の沖縄

米軍政のもとで

日本本土から離れた沖縄では、占領の状況はまったく違っていた。沖縄戦によって、沖縄本島の中南部が徹底的に破壊されたため、戦後の再建は米軍の占領統治に沿って始めるほかなかったのである。

沖縄の米軍統治は、本土より早く始まっている。一九四五年四月一日、チェスター・ニミッツ米海軍元帥はラジオで米軍の上陸を伝え、占領統治を開始。四月五日には、米太平洋軍の下級機関である琉球列島米軍政府（以下米軍政府）を読谷村《よみたんそん》に設置し、ニミッツ元帥が軍政長官に就任する。

一九四六年一月二九日、GHQは北緯三〇度（屋久島《やくしま》の南）以南の琉球諸島を分離し、米国防総省の管轄下とした。こうして、米軍による沖縄の軍事統治（軍政）は、米国務省が占領統治する日本本土と切り離して始められる。実際、米軍政府の長である軍政長官の顔ぶれを見ると、ニミッツ元帥の離職後、後継の六名全員が陸軍将校からの着任である。四七年四月、米軍政府の所管下に地元の行政機構として沖縄民政府が発足したが、日本本土のように保障占領を遂行するための間接統治が進められたわけではなかった。沖縄は、実質的に軍政が施行されていたのである。

さて、戦後直後の沖縄で初めて発行された広報（＝プロパガンダ）メディアは、一九四五年七月に創刊された日本語週報『ウルマ新報』（翌年『うるま新報』に変更）である。米軍政府の事前検閲のもとで発行され、一九四八年にこれが民営化されたときに事前検閲の制度が終わる（事後検閲はつづく）。四八年には、新たに『沖縄タイムス』『沖縄毎日新聞』のほか、月刊雑誌も発行。ただ、右の新聞や雑誌はすべて、優先的に米軍政府の政策を伝達するプロパガンダ媒体であったが、写真記事はなかった。

一九四八年一一月、米軍政府は、占領統治を円滑にするために日本本土と同様、那覇《なは》にも

ＣＩＥ（民間情報教育局）を設置。翌一二月にＣＩＥは沖縄民政府情報課と連携し、日本語官報として『琉球弘報』を発行。これを米軍政府の宣伝媒体とする。ただ米国務省寄りの那覇ＣＩＥと沖縄の占領を進める米軍との関係は、必ずしも円滑なものではなかったことも指摘されている（吉本 二〇一五）。

ほかにも、那覇ＣＩＥは一九四九年に七つの移動映画班を組織し、交通が不便な地域で巡回上映をおこなっている。五〇年五月に上映されたニュース映画やドキュメンタリーの上映は一四一回にのぼり、その観客人数は一一万六二九〇人に達したという。

さらに普天間《ふてんま》基地内に設置された普天間印刷工場で、『琉球弘報』やポスター、カレンダー、リーフレットなどの広報宣伝物を印刷し、無料で一般家庭に配布した。米軍によるプロパガンダ工作は、こうしたビジュアルな宣伝媒体を織り交ぜた情報戦略に結実していたことが近年明らかにされつつある（貴志・泉水・名嘉山 二〇二〇）。

米軍のプロパガンダ工作

一九五〇年前後、東アジアの地政学を大きく揺るがし、東アジアに駐屯する米軍を脅かす重大事件が立てつづけに起きた。一九四九年一〇月の中華人民共和国成立、翌年六月に起こった朝鮮戦争、そして一九五四年、五五年、五八年の三度にわたる台湾海峡危機であった。

こうした東アジア各地での緊張を反映させないために、琉球諸島では一九五〇年一二月に軍政から民政への転換がはかられ、新たに琉球列島米民政府（USCAR《ユースカー》、以下米民政府）が設置された。同年一一月には沖縄、宮古、八重山、奄美の四つの群島政府も成立させ、米民政府との連携を強化する。

しかし一九五〇年代、米民政府の思惑とは裏腹に、沖縄では反米感情を煽るような出来事や事件も頻発する。奄美群島の本土復帰、米民政府による「土地収用令」への反発、島ぐるみ闘争、嘉手納《かでな》幼女強姦殺人事件、宮森小学校米軍機墜落事件などであり、島民の間に米軍占領への鬱屈《うっくつ》した感情が蓄積していった。

こうした島民の反米感情を緩和させる手段のひとつとして、CIE映画は用いられた。CIEは、東京のGHQからナトコ映写機と教育フィルムを調達して、無料の巡回上映をおこなっている（沖縄朝日新聞社 一九五三）。この時期、米国への沖縄留学生を扱ったドキュメンタリー映像『明日を導く人々』（一九五二）、移民促進の広報フィルム『起《た》ちあがる琉球』（一九五三）、『琉球ニュース』（一九五三〜五六ころ）など、島民の希望を促すプロパガンダ映画も製作される。

それでも文化や娯楽に飢えていた沖縄では、CIE映画は人気を集めたようである。米民政府の宣伝の拠点となった沖縄中央図書館本館、那覇や名護《なご》の琉米文化会館、コザ、糸満《いとまん》、

図終‐5　沖縄本島北部の文化キャラバン映写会　1964年1月

座間味《ざまみ》などの琉米親善センターで上映会が開かれたほか、野外上映会も催された（仲地二〇〇〇）。図終‐5は少し時代を下るが、沖縄本島北部の国頭村《くにがみそん》楚洲《そす》でおこなわれた文化キャラバン映写会の様子を撮った一枚である。

一九五三年から五五年にかけて、高まる反米感情を抑制するだけでなく、防共意識を高めることを目的として、琉球放送から地元ニュース番組『琉球ニュース』が放送されている。ニュースフィルムの製作には、米陸軍第七心理戦部隊（とくに同部隊第一五心理作戦分遣隊日本語班）が関与していた。第七心理戦部隊は、沖縄のキャンプ・キンザー牧港《まきみなと》補給地区を拠点として、日本本土、韓国、台湾、南ベトナムなどに分遣隊を派遣し、プロパガ

図終-6　『守礼の光』創刊号　1959年1月

ンダ活動を展開した組織である。ニュースフィルムの断片は、いま米国国立公文書館（NARA）などに収蔵されている（貴志・泉水・名嘉山 二〇二〇）。

沖縄に蔓延する反米的気運を抑えるために、一九五七年六月に米民政府の実質的トップであった民政副長官による指導体制が、琉球列島高等弁務官制度に変わる。しかしこのとき、軍政から民政に転換したのではなかったことがはっきりする。なぜならば、歴代六名の高等弁務官が全員、陸軍中将であったからにほかならない（大田 一九八四）。

高等弁務官ドナルド・ブースは、一九五九年一月に家庭向けに無料配布するカラー刷のグラフ誌『守礼《しゅれい》の光』（図終-6）を刊行させる。その誌面からは、中国や朝鮮半島で高まる国際共産主義が日本に伝播《でんぱ》するのを防ぐ意図があったことを見ることができる（吉本 二〇一五）。このグラフ誌の発行にも、第七心理戦部隊の関与があった。なお、『守礼の光』は、沖縄の復帰後に『交流』と改題し、ほぼ一年間発行が継続される。この事実をどのように考えるべきか。

今日から見れば、軍政下の沖縄における米軍のプロパガンダ工作は、占領統治の正当性をアピールすることから、冷戦構造のなかで反共・防共の拠点に沖縄を組み込むことへと、その目的がシフトしていたことがうかがえよう。

そして一九七二年五月一五日に、沖縄は本土復帰を迎える。三年後の七五年に開催された沖縄国際海洋博覧会は、日本政府による主権回復を誇示しながら、米軍機関の存続も大々的にアピールする機会になった。占領統治期の日本、軍政下の沖縄において、米国が構築した安全保障の枠組みは、日本政府との合意のもとで、いまもつづく。

あとがき

二〇二二年二月に起こったロシア軍のウクライーナ侵攻に見られるごとく、世界には戦争が継続中の地があることが伝えられ、紛争地帯から逃れてきた難民たちもいる。それゆえ、戦争や紛争とは、過去の歴史事象であると同時に、現在進行形の現実であることも実感されよう。そうした視点から、本書は現代を考えるきっかけにもなればと思いつつ、執筆を進めた。

もとより本書は、ローカルな問題をグローバルな視点でいかに検証するか、戦時期の問題を現代の視点でいかに再評価できるかを、筆者なりに問うた試みである。このコンセプトは、二〇二一年に刊行した拙著『アジア太平洋戦争と収容所――重慶政権下の被収容者の証言と国際救済機関の記録から』（国際書院）と同様であり、根底には、戦時下の悲劇や記憶をいかに次世代に継承していくかという問題意識がある。

本書の対象は、すでに冒頭で書いたとおり、日清戦争期から敗戦後の占領統治期までの五〇年あまり。日本における政府や軍部、報道界、国民という三者関係を軸とし、プロパガンダの主体の変容過程について、ビジュアル・メディアを通じて概観することにあった。

考えてみると、わずか半世紀の期間である。その間に、日本はなにゆえこれほど多くの戦争や紛争に関わらなければならなかったのか。国家プロパガンダは、いつ、どのような経緯で日本でも成立したのか。民間企業と国民は、プロパガンダに満ちた時代にどのように関与し、受容したのか。こうした問題を捉えたいという思いから、帝国日本が「戦争熱」を高めていった足跡を一〇年ごとに区切って跡づけることにした。

執筆を進めていくと、この五〇余年間の戦争の時代と、現在の事象との間に接点が多いことに否応なく気づく。いま私たちが生きる時代にも埋め込まれている危機をいかに回避していくべきか。その知恵は、本書が対象とした時代のなかに確かにあると考えている。

ただ、先の大戦が終結してから、すでに八〇年近くが経とうとしている。戦争体験者が急激に減少するなかで、この大戦に対する関心も希薄になりつつある。しかしながら、現実世界は私たちが想像している以上に複雑で、かつ混沌としている。

筆者が、あの五〇余年の時代を考える手がかりとして、東アジアの図画像研究に着手してからも、すでに二〇年近くが経つ。この間、情報学や図書館学の専門家とともに、「満洲国ポスターデータベース」「『亜東印画輯』データベース」「『亜細亜大観』データベース」「華北交通アーカイブ」「絵葉書からみるアジア――京都大学貴重資料デジタルアーカイブ」などの画像データベースを公開してきた。

コロナ禍がつづくなかで、こうした文理協働の知見を踏まえ、日本国内をはじめ、海外で発表した成果をまとめ、また新規の内容も盛り込んで、『帝国日本のプロパガンダ』というテーマで一冊にまとめることにした。戦争を知らない世代とともに、国境を越えて到来する危機を回避する知恵を発掘することは、閉塞した時代における喫緊の課題であると考えたからにほかならない。

最後になるが、本書刊行にあたって、職場の教職員の皆さん、共同研究をともにした仲間に御礼を申し上げたい。とくにスタンフォード大学フーヴァー研究所L&Aの上田薫さんから、国際プロジェクト「煽られた炎：近代日本のプロパガンダ」（http://fanningtheflames.hoover.org）への参加に声をかけられたことが、本書をまとめるきっかけになった。第1章、第2章は、その成果の一部である。また、台湾の中央研究院近代史研究所・台湾史研究所、韓国の満洲学会の皆さんにも、この場を借りて感謝の気持ちを伝えたい。台湾、韓国での学術交流の成果は、第5章〜第7章に盛り込まれている。朝日新聞社や毎日新聞社からも、貴重な戦中写真を閲覧する便宜をはかっていただいた。そして、本書の企画から出版にいたるまで一貫してお世話になった中公新書編集部の胡逸高さんにはとくに御礼を伝えたい。誠実で忍耐強い胡さんがいなければ、この本が世に出ることはなかったろう。

二〇二二年五月

貴志俊彦

参考文献

和文

秋山豊三郎編『時局及排日ポスター写真帖』満洲日報社、一九三二年
朝日新聞社編『南方の拠点・台湾　写真報道』朝日新聞社、一九四四年A
朝日新聞社編『大東亜戦争と台湾青年　写真報道』朝日新聞社、一九四四年B
朝日新聞社史編修室編『朝日新聞編年史（昭和一二年）』社内用、一九七一年
朝日新聞社「写真が語る戦争」取材班『朝日新聞の秘蔵写真が語る戦争』朝日新聞出版、二〇〇九年
朝日新聞取材班『「過去の克服」と愛国心』朝日選書、二〇〇七年
朝日新聞「新聞と戦争」取材班『新聞と戦争』朝日新聞社、二〇〇八年
朝日新聞百年史編修委員会編『朝日新聞社史　明治編』朝日新聞社、一九九〇年
朝日新聞百年史編修委員会編『朝日新聞社史　大正・昭和戦前編』朝日新聞社、一九九一年
荒敬『日本占領史研究序説』柏書房、一九九四年
新井勝紘「軍事郵便の基礎的研究（序）」『国立歴史民俗博物館研究報告』一二六集、二〇〇六年
アレクシエーヴィチ、スヴェトラーナ『戦争は女の顔をしていない』群像社、二〇〇八年
飯倉章『日露戦争風刺画大全』上、芙蓉書房出版社、二〇一〇年
五百籏頭眞『戦争・占領・講和　一九四一～一九五五』中央公論新社、二〇〇一年
池田徳眞『プロパガンダ戦史』中央公論新社、二〇一五年
石井幸之助『報道班員従軍記』光人社NF文庫、二〇〇八年（底本は一九九四年に出版）
一ノ瀬俊也『宣伝謀略ビラで読む、日中・太平洋戦争』柏書房、二〇〇八年
一ノ瀬俊也解説『戦時グラフ雑誌集成』全一二巻、柏書房、二〇一九年

井上祐子『日清・日露戦争と写真報道』吉川弘文館、二〇一二年
今西光男『占領期の朝日新聞と戦争責任』朝日新聞出版、二〇〇八年
入江良郎「吉澤商店主・河浦謙一の足跡（二）」『東京国立近代美術館研究紀要』二二号、二〇一八年
内川芳美編『現代史資料』四一、みすず書房、一九七五年
埋忠美沙「西南戦争における報道メディアとしての歌舞伎」『演劇学論集 日本演劇学会紀要』六二巻、二〇一六年
大久保遼「『日露戦争実記』における視覚の構成」『マス・コミュニケーション研究』七八巻、日本マス・コミュニケーション学会、二〇一一年
大田昌秀『沖縄の帝王 高等弁務官』久米書房、一九八四年
大谷正、福井純子編『描かれた日清戦争』創元社、二〇一五年
岡村志嘉子「日清戦争を描いた雑誌」『国立国会図書館月報』六一一号、二〇一二年
岡本綺堂『明治劇談ランプの下にて』岡倉書房、一九三五年
沖縄朝日新聞社編『沖縄大観』日本通信社、一九五三年
沖縄県文化振興会公文書管理部史料編集室編『沖縄県史』資料編九、沖縄県教育委員会、二〇〇〇年
外務省亜細亜局編『支那在留邦人及外国人人口統計表 第二〇回』外務省亜細亜局、一九二七年
梶川伸一「最近のロシア農民史研究について」『史林』第七三巻第四号、一九九〇年
片岡一郎『活動写真弁史』共和国、二〇二〇年
加藤陽子『それでも、日本人は「戦争」を選んだ』朝日出版社、二〇〇九年
加藤陽子『とめられなかった戦争』文春文庫、二〇一七年
金丸裕一監修『抗日・排日関係史料』全四巻、ゆまに書房復刻本、二〇〇五年
我部政明「日本のミクロネシア占領と「南進」」1、『法学研究』第五五巻第七号、慶應義塾大学法学研究会、一九八二年
川島真・貴志俊彦編『資料で読む世界の八月一五日』山川出版社、二〇〇八年
貴志俊彦「『東亜新秩序』構想の変容と抵抗」（貴志他編『「東アジア」の時代性』渓水社、二〇〇五年）
貴志俊彦『満洲国のビジュアル・メディア』吉川弘文館、二〇一〇年

貴志俊彦「『朝日新聞富士倉庫資料』與中日戦争照片審査問題」（呉偉明編『在日本尋找中国』香港中文大学出版社、二〇一三年）
貴志俊彦・川島真・孫安石編『増補改訂　戦争・ラジオ・記憶』勉誠出版、二〇一五年
貴志俊彦「グラフ誌が描かなかった死」（貴志他編『記憶と忘却のアジア』青弓社、二〇一五年）
貴志俊彦・白山眞理編『京都大学人文科学研究所所蔵　華北交通写真資料集成』全二巻、国書刊行会、二〇一六年
貴志俊彦「国境紛争、領土問題と報道メディア」（韓国語）『満洲研究』第二七集、韓国満洲学会、二〇一九年
貴志俊彦「映画広報人青山唯一が遺したもの」『史学研究』第三〇五号、広島史学研究会、二〇二〇年
貴志俊彦・泉水英計・名嘉山リサ編著『よみがえる沖縄 米国施政権下のテレビ映像』不二出版、二〇二〇年
貴志俊彦「日中戦争下の国産映画ブーム」『第一七回大阪アジアン映画祭 公式カタログ』大阪映像文化振興事業実行委員会、二〇二二年
クシュナー、バラク『思想戦 大日本帝国のプロパガンダ』明石書店、二〇一六年
黒岩比佐子『編集者国木田独歩の時代』角川学芸出版、二〇〇七年
向後恵理子「日本葉書会」『学術研究 複合文化学編』五八号、早稲田大学教育会、二〇〇九年
後藤乾一『近代日本と東南アジア』岩波書店、二〇一〇年
後藤孝夫『辛亥革命から満州事変へ』みすず書房、一九八七年
小林英夫・張志強編『検閲された手紙が語る満洲国の実態』小学館、二〇〇六年
齋藤聖二『日独戦争』ゆまに書房、二〇〇一年
坂内徳明「ロシア民族学史における「民衆版画（ルボーク）」」『一橋大学研究年報・人文学研究』三二、一九九五年
佐藤卓己『言論統制』中公新書、二〇〇四年
里見脩『ニュース・エージェンシー』中央公論新社、二〇〇〇年
参謀本部編纂『明治廿七八年日清戦史』第八巻、東京印刷、一九〇四年
参謀本部編『秘 大正三年日独戦史①』上巻1、ゆまに書房復刻本、二〇〇一年
柴田哲雄「汪精衛南京政府下の大東亜戦争博覧会」（森時彦編『二〇世紀中国の社会システム』京都大学人文科学研究所、二〇〇九年）

清水勲『ビゴーの一五〇年』臨川書店、二〇一一年
シュミット、ヤン「一九一四年から一九一九年までの日本の（マス）メディアにおける第一次世界大戦の受容に関する研究ノート」『アルザス日欧知的交流事業 日本研究セミナー「大正／戦前」報告書』国際交流基金、二〇一四年
白山真理『〈報道写真〉と戦争 一九三〇‐一九六〇』吉川弘文館、二〇一四年
太平洋戦争研究会『「写真週報」に見る戦時下の日本』世界文化社、二〇一一年
台湾総督府情報部編輯『部報』第一五八号、一九四二年一月一日
高橋健次郎「日独戦争と俘虜郵便の時代」二一、二〇〇三年四月一〇日 http://www.takahashistamp.com/mokuji2.htm
竹葉丈『異郷のモダニズム 満洲写真全史』国書刊行会、二〇一七年
谷川建司『アメリカ映画と占領政策』京都大学学術出版会、二〇〇二年
玉井清編著『『写真週報』とその時代』上・下、慶應義塾大学出版会、二〇一七年
チャオ埴原三鈴・中馬清福『「排日移民法」と闘った外交官』藤原書店、二〇一一年
辻千春「日中両国の報道版画」『名古屋大学博物館報告』二七号、二〇一一年
辻田真佐憲『大本営発表』幻冬舎新書、二〇一六年
土屋由香『親米日本の構築』明石書店、二〇〇九年
土屋由香・吉見俊哉編『占領する眼・占領する声』東京大学出版会、二〇一二年
土屋礼子『対日宣伝ビラが語る太平洋戦争』吉川弘文館、二〇一一年
土屋礼子編『日本メディア史年表』吉川弘文館、二〇一八年
東亜経済調査局編『満蒙に転向せられむとする排動』東亜経済調査局、一九二九年
東京大学大学院情報学環吉見俊哉研究室編・発行『東京大学大学院情報学環所蔵 第一次世界大戦期プロパガンダ・ポスターコレクション カタログ・レゾネ』二〇〇六年
富澤達三『錦絵のちから』文生書院、二〇〇四年
中島九郎『対米日支移民問題の解剖』巌松堂書店、一九二四年
仲地洋「沖縄県公文書館における沖縄関係映像資料」『沖縄県公文書館研究紀要』第三号、二〇〇〇年
中野美代子・武田雅哉『世紀末中国のかわら版』福武書店、一九八九年

参考文献

西川武臣『従軍日記と報道挿絵が伝える庶民たちの日露戦争』勉誠出版、二〇二一年
日華実業協会『支那に於ける外貨排斥運動』一九二九年
日本興業銀行外事部『日本外債小史』日本興業銀行外事部、一九四八年
日本写真家協会編『日本写真史一八四〇-一九四五』平凡社、一九七一年
農商務省『聖路易万国博覧会本邦参同事業報告』第二編、一九〇五年
バウチャー、セシル『英国空軍少将の見た日本占領と朝鮮戦争』社会評論社、二〇〇八年
筈見恒夫『映画五十年史』鱒書房、一九四二年
早瀬晋三「日本占領・勢力下の東南アジアで発行された新聞」『アジア太平洋討究』二七号、早稲田大学アジア太平洋研究センター、二〇一六年
原貴美恵『サンフランシスコ平和条約の盲点』渓水社、二〇一三年
原田敬一「戦争を伝えた人びと」『(佛教大学)文学部論集』八四号、二〇〇〇年
原田健一『戦時・占領期における映像の生成と反復』知泉書館、二〇一九年
平塚柾緒『写真でわかる事典 日本占領史 一九四五年八月-一九五二年五月』PHPエディターズ・グループ、二〇一九年
平間洋一編著『日露戦争を世界はどう報じたか』芙蓉書房出版、二〇一〇年
藤井省三『現代中国文化探検』岩波書店、一九九九年
藤田俊『戦間期日本陸軍の宣伝政策』芙蓉書房出版、二〇二一年
藤村道生「日本近代史上の日清戦争と亀井茲明の記録」『日清戦争従軍写真帖』復刻本、柏書房、一九九二年
細谷雄一『戦後史の解放I　歴史認識とは何か』新潮社、二〇一五年
毎日新聞社終戦処理委員会編『東西南北　毎日新聞殉職社員追憶記』毎日新聞社、一九五二年
毎日新聞社『一億人の昭和史〈一〇〉不許可写真史』毎日新聞社、一九七七年
前坂俊之「太平洋戦争下の新聞メディア」『マス・コミュニケーション研究』六六号、二〇〇五年
松浦総三『戦時下の言論統制』白川書院、一九七五年
松村正義『増補改訂版 日露戦争と金子堅太郎』新有堂、一九八七年

馬淵逸雄『報道戦線』改造社、一九四一年
宮本吉夫『戦時下の新聞・放送』人間の科学新社、一九八四年
モック、ジェームズ他『米国の言論指導と対外宣伝』坂部重義訳、汎洋社、一九四三年
山室信一『キメラ 増補版』中央公論新社、二〇〇四年
山室信一『日露戦争の世紀』岩波新書、二〇〇五年
山本明『カストリ雑誌研究』出版ニュース社、一九七六年
山本武利『GHQの検閲・諜報・宣伝工作』岩波書店、二〇一三年
山本武利責任編集『新聞・雑誌・出版』ミネルヴァ書房、二〇〇五年
吉田則昭『戦時統制とジャーナリズム』昭和堂、二〇一〇年
吉田裕『日本軍兵士』中公新書、二〇一七年
吉本秀子『米国の沖縄占領と情報政策』風響社、二〇一五年
読売新聞戦争責任検証委員会『検証 戦争責任』全二冊、中央公論新社、二〇〇六年
立命館大学国際平和ミュージアム『二〇一六年度秋季特別展 絵葉書にみる日本と中国１８９４－１９４５』二〇一六年
琉球諸島米国高等弁務官事務所『守礼の光 DVD版（一九五九年〜一九七二年）』不二出版、二〇一二年
若桑みどり『戦争がつくる女性像』筑摩書房、一九九五年

英文
Dower, John W., "Throwing Off Asia 3", *MIT Visualizing Cultures*, 2008.
Hiery, Hermann, *The Neglected War*, University of Hawaiʻi Press, 1995.
Ueda, Kaoru ed., *Fanning the Flames: Propaganda in Modern Japan*, Hoover Institution Press, 2021.

独文
Kishi, Toshihiko, "Das Bild von "Aufbau" und "Entwicklung" der lokalen Gesellschaft im Spiegel von illustrierten

Zeitschriften der Mandschurei," in Günther Distelrath, Hans Dieter Ölschleger, Shiro Yukawa (Hg.), *Nordostasien in Medien, Politik und Wissenschaft*, EB-Verlag, 2019.

露文

Itkina, Ye.I., Russkiy risovannyy lubok kontsa XVIII - n XX veka, Russkaya kniga, 1992.
Sergeyevna, M. D. , "Otechestvennyy voyennyy lubok i otkrytka (na primere perioda russko-yaponskoy voyny 1904 – 1905 gg.), " Dissertatsiya na soiskaniye uchenoy stepeni kandidata istoricheskikh nauk, Moskva: Rossiyskaya Gosudarstvennaya Biblioteka, 2016.
Svetov, Y. I., cont., *Pervyy fotoreporter Rossii Karl Bulla*, Fond istoricheskoy fotografii imeni Karla Bully, 2015.
Turmov, Gennadiy Petrovich, *Russko-yaponskaya voyna 1904 - 1905 gg. na pochtovykh otkrytkakh*. Tekhnicheskiy Universitet, 2005.

中文

甘記豪・張維斌『台湾大空襲』全二冊、前衛出版社、二〇一五年
鍾淑敏・貴志俊彦主編『視覚台湾：日本朝日新聞社報導影像選輯』中央研究院台湾史研究所、二〇二〇年

図版出典一覧

口絵

口絵1・2　国立国会図書館デジタルコレクション 000009243941
口絵3　Poster Collection（JA 37）, Hoover Institution Library & Archives. https://n2t.net/ark:/54723/h3wc89
口絵4　『京都大学所蔵近代教育掛図——京都大学貴重資料デジタルアーカイブ』RB00023884

序章

図序-1　現サハリン州立郷土史博物館
図序-2　現パラオ最高裁判所

第1章

地図　吉田東伍『大日本読史地図』冨山房、一九三七年、一三一頁
図1-1　国立国会図書館デジタルコレクション 000009243941
図1-2　Japanese woodblock print collection, Hoover Institution Library & Archives. https://n2t.net/ark:/54723/h3qw31
図1-3　Japanese woodblock print collection, Hoover Institution Library & Archives. https://n2t.net/ark:/54723/h3389h
図1-4　大英図書館 16126.d.4（19）
図1-5　清水勲編『明治の面影・フランス人画家ビゴーの世界』山川出版社、二〇〇二年、図3-41
図1-6　Japanese woodblock print collection, Hoover Institution Library & Archives. https://n2t.net/ark:/54723/h3fg7x

第2章

地図　吉田東伍、前掲書、一三二頁
図2-1　Le Petit Parisien, No. 791, 3 April 1904. https://commons.wikimedia.org/wiki/File:Le_Petit_Parisien,_1904.png
図2-2　「絵葉書からみるアジア——京都大学貴重資料デジタルアーカイブ」RB00032422
図2-3　Moscow: Khromo-Litografiia E.I.Konovalovoĭ. Photograph. Retrieved from the Library of Congress. https://www.loc.gov/item/2018689390/
図2-4　Wikipedia https://ja.wikipedia.org/wiki/%E5%A5%89%E5%A4%A9%E4%BC%9A%E6%88%A6
図2-5　James H. Hare ed., A photographic record of the Russo-Japanese war, 1856-1946, P. F. Collier & Son, 1905, p. 176.
図2-6　Wiki Art https://www.wikiart.org/en/nicholas-roerich/at-the-far-east-1904

第3章

図3-1　Lustige Blätter: schönstes buntes Witzblatt Deutschlands, No. 35, 1914, p. 16. Digital Repository of Heidelberg University. https://digi.ub.uni-heidelberg.de/diglit/lb29/0830
図3-2　The New Zealand Observer, Vol. 34, No. 51, August 29, 1914. National Library of New Zealand
図3-3　DAS FELDHERRN-SPIEL, Kunstdruck- und Verlagsanstalt Wezel & Naumann, Leipzig, ca.1914.
図3-4　「絵葉書からみるアジア——京都大学貴重資料デジタルアーカイブ」RB00031193
図3-5　Wikipedia https://upload.wikimedia.org/wikipedia/commons/b/b7/Deutsch-Neuguinea-Rekruten.jpg
図3-6　俘虜情報局編『大正三四年戦役俘虜写真帖』俘虜情報局、一九一八年、一三六頁（国会図書館デジタルコレクション 000000581254）

第4章

図4-1　「絵葉書からみるアジア——京都大学貴重資料デジタルアーカイブ」RB00031285
図4-2　秋山豊三郎編『時局及排日ポスター写真帖』満洲日報社、一九三一年、一三三頁
図4-3　Wikipedia https://upload.wikimedia.org/wikipedia/ja/0/0e/Konosu_Friendship-doll_Exchange_1927_1.jpg
図4-4　ドイツ連邦公文書館、Bild 102-00598

第5章

図5-1 Wikipedia https://upload.wikimedia.org/wikipedia/commons/1/17/Mona_Rudao_and_Seediq_tribal_leaders.jpg
図5-2 『大阪朝日』号外、一九三〇年一一月三日
図5-3 秋山豊三郎編、前掲書、七頁
図5-4 『朝日新聞販売百年史（大阪編）』朝日新聞大阪本社、一九七九年の付表から作成
図5-5 『東京朝日』号外、一九三一年九月二〇日

第6章

地図 吉田東伍、前掲書、一四〇～一四一頁
図6-1 太平洋戦争研究会『「写真週報」に見る戦時下の日本』世界文化社、二〇一一年、一〇頁
図6-2 『東京朝日』一九三七年八月二二日
図6-3 『東京朝日』一九三八年二月一六～一九日から作成
図6-4 Japanese children's propaganda collection, Hoover Institution Library & Archives. https://n2t.net/ark:/54723/h3jc7t
図6-5 「青山唯一スクラップブック」Manchukuo Collection, J-0931, Harvard Yenching Library
図6-6 朝日新聞社「富士倉庫資料」から作成
図6-7 朝日新聞社提供、「富士倉庫資料」011953
図6-8 朝日新聞社提供、「富士倉庫資料」028114
図6-9 朝日新聞社提供、『富士倉庫資料』028110
図6-10 朝日新聞社提供、「富士倉庫資料」027145

第7章

図7-1 復刻版『FRONT』平凡社、一九八九年
図7-2 Bonner Frank Fellers papers, Hoover Institution Library & Archives. https://n2t.net/ark:/54723/h3z605

図7－3　『南方の拠点・台湾 写真報道』朝日新聞社、一九四四年、頁番号なし
図7－4　『大東亜戦争と台湾青年 写真報道』朝日新聞社、一九四四年、四～五頁

終　章

図終－1　『毎日』朝刊、一九五二年四月二八日
図終－2　『毎日』夕刊、一九七二年九月二九日
図終－3　平塚柾緒『写真でわかる事典 日本占領史』ＰＨＰエディターズ・グループ、二〇一九年、二二七頁
図終－4　Crawford F. Sams papers, Hoover Institution Library & Archives. https://n2t.net/ark:/54723/h3m02r
図終－5　沖縄県公文書館所蔵『ＵＳＣＡＲ広報局写真資料』076
図終－6　『守礼の光 ＤＶＤ版』不二出版、二〇一二年

地図作成　地図屋もりそん
口絵、図5－4作成　市川真樹子

貴志俊彦（きし・としひこ）

1959年兵庫県生まれ．広島大学大学院文学研究科博士課程後期単位取得満期退学．島根県立大学教授，神奈川大学教授，京都大学地域研究統合情報センター教授などを経て，現在，京都大学東南アジア地域研究研究所教授．東京大学大学院情報学環客員教授，日本学術会議連携会員，日本学術振興会学術システム研究センター主任研究員などを兼業．専門は東アジア近現代史．

著書『満洲国のビジュアル・メディア』（吉川弘文館，2010年）
『東アジア流行歌アワー』（岩波現代全書，2013年）
『アジア太平洋戦争と収容所』（国際書院，2021年）
など

編著『増補改訂　戦争・ラジオ・記憶』（勉誠出版，2015年）
『京都大学人文科学研究所所蔵 華北交通写真資料集成』（国書刊行会，2016年）
『古写真・絵葉書で旅する150年』（勉誠出版，2018年）
『よみがえる 沖縄 米国施政権下のテレビ映像』（不二出版，2020年）
『視覚台湾：日本朝日新聞社報導影像選輯』（中央研究院台湾史研究所，2020年）

帝国《ていこく》日本《にほん》のプロパガンダ
中公新書 *2703*

2022年 6 月25日発行

著　者　貴志俊彦
発行者　松田陽三

本文印刷　暁　印　刷
カバー印刷　大熊整美堂
製　　本　小泉製本

発行所　中央公論新社
〒100-8152
東京都千代田区大手町1-7-1
電話　販売　03-5299-1730
　　　編集　03-5299-1830
URL https://www.chuko.co.jp/

Published by CHUOKORON-SHINSHA, INC.
Printed in Japan　ISBN978-4-12-102703-0 C1221

中公新書刊行のことば

一九六二年一一月

いまからちょうど五世紀まえ、グーテンベルクが近代印刷術を発明したとき、書物の大量生産は潜在的可能性を獲得し、いまからちょうど一世紀まえ、世界のおもな文明国で義務教育制度が採用されたとき、書物の大量需要の潜在性が形成された。この二つの潜在性がはげしく現実化したのが現代である。

いまや、書物によって視野を拡大し、変りゆく世界に豊かに対応しようとする強い要求を私たちは抑えることができない。この要求にこたえる義務を、今日の書物は背負っている。だが、その義務は、たんに専門的知識の通俗化をはかることによって果たされるものでもなく、通俗的好奇心にうったえて、いたずらに発行部数の巨大さを誇ることによって果たされるものでもない。現代を真摯に生きようとする読者に、真に知るに価いする知識だけを選びだして提供すること、これが中公新書の最大の目標である。

私たちは、知識として錯覚しているものによってしばしば動かされ、裏切られる。私たちは、作為によってあたえられた知識のうえに生きることがあまりに多く、ゆるぎない事実を通して思索することがあまりにすくない。中公新書が、その一貫した特色として自らに課すものは、この事実のみの持つ無条件の説得力を発揮させることである。現代にあらたな意味を投げかけるべく待機している過去の歴史的事実もまた、中公新書によって数多く発掘されるであろう。

中公新書は、現代を自らの眼で見つめようとする、逞しい知的な読者の活力となることを欲している。

中公新書

日本史

d4

中公新書

現代史

2590 人類と病 詫摩佳代
2664 歴史修正主義 武井彩佳
2451 トラクターの世界史 藤原辰史
2666 ドイツ・ナショナリズム 今野 元
2368 第一次世界大戦史 飯倉 章
2681 リヒトホーフェン—撃墜王とその一族 森 貴史
27 ワイマル共和国 林 健太郎
478 アドルフ・ヒトラー 村瀬興雄
2553 ヒトラーの時代 池内 紀
2272 ヒトラー演説 高田博行
1943 ホロコースト 芝 健介
2349 ヒトラーに抵抗した人々 對馬達雄
2610 ヒトラーの脱走兵 對馬達雄
2448 闘う文豪とナチス・ドイツ 池内 紀
2329 ナチスの戦争 1918-1949 R・ベッセル 大山 晶訳

2313 ニュルンベルク裁判 A・ヴァインケ 板橋拓己訳
2266 アデナウアー 板橋拓己
2615 物語 東ドイツの歴史 河合信晴
2274 スターリン 横手慎二
530 チャーチル(増補版) 河合秀和
2643 イギリス1960年代 小関 隆
2578 エリザベス女王 君塚直隆
1415 フランス現代史 渡邊啓貴
2356 イタリア現代史 伊藤 武
2221 バチカン近現代史 松本佐保
2415 トルコ現代史 今井宏平
2670 サウジアラビア—「イスラーム世界の盟主」の正体 高尾賢一郎
2538 アジア近現代史 岩崎育夫
2586 東アジアの論理 岡本隆司
2437 中国ナショナリズム 小野寺史郎
2600 孫基禎《ソン・ギジョン》—帝国日本の朝鮮人メダリスト 金 誠
2034 感染症の中国史 飯島 渉

1959 韓国現代史 木村 幹
2602 韓国社会の現在 春木育美
2682 韓国愛憎 木村 幹
2596 インドネシア大虐殺 倉沢愛子
1596 ベトナム戦争 松岡 完
2330 チェ・ゲバラ 伊高浩昭
1664 1665 アメリカの20世紀(上下) 有賀夏紀
2626 フランクリン・ローズヴェルト 佐藤千登勢
2527 大統領とハリウッド 村田晃嗣
2479 スポーツ国家アメリカ 鈴木 透
2540 食の実験場アメリカ 鈴木 透
2504 アメリカとヨーロッパ 渡邊啓貴
2163 人種とスポーツ 川島浩平
2700 新疆ウイグル自治区 熊倉 潤

中公新書

政治・法律

h1

- 125 法と社会　碧海純一
- 819 アメリカン・ロイヤーの誕生　阿川尚之
- 2347 代議制民主主義　待鳥聡史
- 2469 議院内閣制―変貌する英国モデル　高安健将
- 2631 現代民主主義　山本　圭
- 1905 日本の統治構造　飯尾　潤
- 2691 日本の国会議員　濱本真輔
- 2537 日本の地方政府　曽我謙悟
- 2558 日本の地方議会　辻　陽
- 1687 日本の選挙　加藤秀治郎
- 2283 日本政治とメディア　逢坂　巌
- 1845 首相支配―日本政治の変貌　竹中治堅
- 2651 政界再編　山本健太郎
- 2428 自民党―「一強」の実像　中北浩爾
- 2695 日本共産党　中北浩爾
- 2233 民主党政権　失敗の検証　日本再建イニシアティブ
- 2101 国会議員の仕事　林　芳正　津村啓介
- 2191 大阪―大都市は国家を超えるか　砂原庸介
- 2418 沖縄問題―リアリズムの視点から　高良倉吉編著
- 2439 入門　公共政策学　秋吉貴雄
- 2620 コロナ危機の政治　竹中治堅

中公新書

政治・法律

108 国際政治（改版） 高坂正堯
1686 国際政治とは何か 中西寛
2190 国際秩序 細谷雄一
1899 国連の政治力学 北岡伸一
2574 戦争とは何か 多湖淳
2652 戦争はいかに終結したか 千々和泰明
2697 戦後日本の安全保障 千々和泰明
2621 リベラルとは何か 田中拓道
2410 ポピュリズムとは何か 水島治郎
2207 平和主義とは何か 松元雅和
2576 内戦と和平 東大作
2195 入門 人間の安全保障（増補版） 長有紀枝
2394 難民問題 墓田桂
2629 ロヒンギャ危機―「民族浄化」の真相 中西嘉宏
2133 文化と外交 渡辺靖
113 日本の外交 入江昭
1000 新・日本の外交 入江昭
2402 現代日本外交史 宮城大蔵
2611 アメリカの政党政治 岡山裕
1272 アメリカ海兵隊 野中郁次郎
2650 米中対立 佐橋亮
2405 欧州複合危機 遠藤乾
2568 中国の行動原理 益尾知佐子
700 戦略的思考とは何か（改版） 岡崎久彦
2215 戦略論の名著 野中郁次郎編著
721 地政学入門（改版） 曽村保信
2566 海の地政学 竹田いさみ
2532 シンクタンクとは何か 船橋洋一